京华通览 历史文化名城

主编／段柄仁

明十三陵

胡汉生／编著

北京出版集团公司
北京出版社

图书在版编目（CIP）数据

明十三陵 / 胡汉生编著. — 北京：北京出版社，2018.3
（京华通览 / 段柄仁主编）
ISBN 978-7-200-13851-1

Ⅰ. ①明… Ⅱ. ①胡… Ⅲ. ①十三陵—介绍 Ⅳ. ①K928.76

中国版本图书馆CIP数据核字（2018）第017249号

出 版 人　曲　仲
策　　划　安　东　于　虹
项目统筹　董拯民　孙　菁
责任编辑　李更鑫
封面设计　田　晗
版式设计　云伊若水
责任印制　燕雨萌

《京华通览》丛书在出版过程中，使用了部分出版物及网站的图片资料，在此谨向有关资料的提供者致以衷心的感谢。因部分图片的作者难以联系，敬请本丛书所用图片的版权所有者与北京出版集团公司联系。

明十三陵
MINGSHISANLING
胡汉生　编著

*

北京出版集团公司
北京出版社　　出版
（北京北三环中路6号）
邮政编码：100120

网　址：www.bph.com.cn
北京出版集团公司总发行
新　华　书　店　经　销
天津画中画印刷有限公司印刷

*

880毫米×1230毫米　32开本　8.25印张　170千字
2018年3月第1版　2022年11月第3次印刷
ISBN 978-7-200-13851-1
定价：45.00元

如有印装质量问题，由本社负责调换
质量监督电话：010-58572393

《京华通览》编纂委员会

主　任　段柄仁
副主任　陈　玲　曲　仲
成　员　（按姓氏笔画排序）
　　　　于　虹　王来水　安　东　运子微
　　　　杨良志　张恒彬　周　浩　侯宏兴
主　编　段柄仁
副主编　谭烈飞

《京华通览》编辑部

主　任　安　东
副主任　于　虹　董拯民
成　员　（按姓氏笔画排序）
　　　　王　岩　白　珍　孙　菁　李更鑫
　　　　潘惠楼

序

PREFACE

擦亮北京"金名片"

段柄仁

北京是中华民族的一张"金名片"。"金"在何处？可以用四句话描述：历史悠久、山河壮美、文化璀璨、地位独特。

展开一点说，这个区域在 70 万年前就有远古人类生存聚集，是一处人类发祥之地。据考古发掘，在房山区周口店一带，出土远古居民的头盖骨，被定名为"北京人"。这个区域也是人类都市文明发育较早，影响广泛深远之地。据历史记载，早在 3000 年前，就形成了燕、蓟两个方国之都，之后又多次作为诸侯国都、割据势力之都；元代作为全国政治中心，修筑了雄伟壮丽、举世瞩目的元大都；明代以此为基础进行了改造重建，形成了今天北京城的大格局；清代仍以此为首都。北京作为大都会，其文明引领全国，影响世界，被国外专家称为"世界奇观""在地球表面上，人类最伟大的个体工程"。

北京人文的久远历史，生生不息的发展，与其山河壮美、宜生宜长的自然环境紧密相连。她坐落在华北大平原北缘，"左环沧海，右拥太行，南襟河济，北枕居庸""龙蟠虎踞，形势雄伟，南控江淮，北连朔漠"。是我国三大地理单元——华北大平原、东北大平原、蒙古高原的交汇之处，是南北通衢的纽带，东西连接的龙头，东北亚环渤海地区的中心。这块得天独厚的地域，不仅极具区位优势，而且环境宜人，气候温和，四季分明。在高山峻岭之下，有广阔的丘陵、缓坡和平川沃土，永定河、潮白河、拒马河、温榆河和蓟运河五大水系纵横交错，如血脉遍布大地，使其顺理成章地成为人类祖居、中华帝都、中华人民共和国首都。

这块风水宝地和久远的人文历史，催生并积聚了令人垂羡的灿烂文化。文物古迹星罗棋布，不少是人类文明的顶尖之作，已有1000余项被确定为文物保护单位。周口店遗址、明清皇宫、八达岭长城、天坛、颐和园、明清帝王陵和大运河被列入世界文化遗产名录，60余项被列为全国重点文物保护单位，220余项被列为市级文物保护单位，40片历史文化街区，加上环绕城市核心区的大运河文化带、长城文化带、西山永定河文化带和诸多的历史建筑、名镇名村、非物质文化遗产，以及数万种留存至今的历史典籍、志鉴档册、文物文化资料，《红楼梦》、"京剧"等文学艺术明珠，早已成为传承历史文明、启迪人们智慧、滋养人们心灵的瑰宝。

中华人民共和国成立后，北京发生了深刻的变化。作为国家首都的独特地位，使这座古老的城市，成为全国现代化建设的领头雁。新的《北京城市总体规划（2016年—2035年）》的制定和中共中央、国务院的批复，确定了北京是全国政治中心、文化中心、国际交往中心、科技创新中心的性质和建设国际一流的和谐宜居之都的目标，大大增加了这块"金名片"的含金量。

伴随国际局势的深刻变化，世界经济重心已逐步向亚太地区转移，而亚太地区发展最快的是东北亚的环渤海地区、这块地区的京津冀地区，而北京正是这个地区的核心，建设以北京为核心的世界级城市群，已被列入实现"两个一百年"奋斗目标、中国梦的国家战略。这就又把北京推向了中国特色社会主义新时代谱写现代化新征程壮丽篇章的引领示范地位，也预示了这块热土必将更加辉煌的前景。

北京这张"金名片"，如何精心保护，细心擦拭，全面展示其风貌，尽力挖掘其能量，使之永续发展，永放光彩并更加明亮？这是摆在北京人面前的一项历史性使命，一项应自觉承担且不可替代的职责，需要做整体性、多方面的努力。但保护、擦拭、展示、挖掘的前提是对它的全面认识，只有认识，才会珍惜，才能热爱，才可能尽心尽力、尽职尽责，创造性完成这项释能放光的事业。而解决认识问题，必须做大量的基础文化建设和知识普及工作。近些年北京市有关部门在这方面做了大量工作，先后出版了《北京通史》（10卷本）、《北京百科全书》（20卷本），各类志书近900种，以及多种年鉴、专著和资料汇编，等等，为擦亮北京这张"金名片"做了可贵的基础性贡献。但是这些著述，大多是服务于专业单位、党政领导部门和教学科研人员。如何使其承载的知识进一步普及化、大众化，出版面向更大范围的群众的读物，是当前急需弥补的弱项。为此我们启动了《京华通览》系列丛书的编写，采取简约、通俗、方便阅读的方法，从有关北京历史文化的大量书籍资料中，特别是卷帙浩繁的地方志书中，精选当前广大群众需要的知识，尽可能满足北京人以及关注北京的国内外朋友进一步了解北京的历史与现状、性质与功能、特点与亮点的需求，以达到"知北京、爱北京，合力共建美好北京"的目的。

这套丛书的内容紧紧围绕北京是全国的政治、文化、国际交往和科技创新四个中心，涵盖北京的自然环境、经济、政治、文化、社会等各方面的知识，但重点是北京的深厚灿烂的文化。突出安排了"历史文化名城""西山永定河文化带""大运河文化带""长城文化带"四个系列内容。资料大部分是取自新编北京志并进行压缩、修订、补充、改编。也有从已出版的北京历史文化读物中优选改编和针对一些重要内容弥补缺失而专门组织的创作。作品的作者大多是在北京志书编纂中捉刀实干的骨干人物和在北京史志领域著述颇丰的知名专家。尹钧科、谭烈飞、吴文涛、张宝章、郗志群、姚安、马建农、王之鸿等，都有作品奉献。从这个意义上说，这套丛书中，不少作品也可称"大家小书"。

总之，擦亮北京"金名片"，就是使蕴藏于文明古都丰富多彩的优秀历史文化活起来，充满时代精神和首都特色的社会主义创新文化强起来，进一步展现其真善美，释放其精气神，提高其含金量。

2017 年 11 月

目录

CONTENTS

前　言 / 1

长　陵　墓　主 / 7
　　成祖文皇帝朱棣 / 7
　　仁孝文皇后徐氏 / 10
天寿山吉壤的卜定与陵寝营建 / 11
陵寝建筑 / 16
　　神道 / 16
　　陵宫 / 27
　　附属建筑 / 39

献　陵　墓　主 / 42

　　　　仁宗昭皇帝朱高炽 / 42

　　　　诚孝昭皇后张氏 / 43

　　地理环境与陵寝营建 / 45

　　陵寝建筑 / 46

　　　　神道 / 47

　　　　陵宫 / 48

　　　　附属建筑 / 50

景　陵　　**墓　主 / 52**

　　　　宣宗章皇帝朱瞻基 / 52

　　　　孝恭章皇后孙氏 / 54

　　地理环境与陵寝营建 / 55

　　陵寝建筑 / 56

　　　　神道 / 56

　　　　陵宫 / 57

　　　　附属建筑 / 59

裕　陵　　**墓　主 / 62**

　　　　英宗睿皇帝朱祁镇 / 62

　　　　孝庄睿皇后钱氏 / 65

　　　　孝肃皇后周氏 / 66

　　地理环境与陵寝营建 / 66

　　陵寝建筑 / 68

　　　　　　　神道 / 68

　　　　　　　陵宫 / 69

　　　　　　　附属建筑 / 72

茂　陵　　**墓　主 / 74**

　　　　　　　宪宗纯皇帝朱见深 / 74

　　　　　　　孝贞纯皇后王氏 / 77

　　　　　　　孝穆皇后纪氏 / 77

　　　　　　　孝惠皇后邵氏 / 79

　　　　　　地理环境与陵寝营建 / 80

　　　　　　陵寝建筑 / 81

　　　　　　　神道 / 81

　　　　　　　陵宫 / 82

　　　　　　　附属建筑 / 85

泰　陵　　**墓　主 / 87**

　　　　　　　孝宗敬皇帝朱祐樘 / 87

　　　　　　　孝康敬皇后张氏 / 89

　　　　　　地理环境与陵寝营建 / 90

　　　　　　陵寝建筑 / 91

　　　　　　　神道 / 91

　　　　　　　陵宫 / 92

　　　　　　　附属建筑 / 93

康陵

墓　主 / 95

　武宗毅皇帝朱厚照 / 95

　孝静毅皇后夏氏 / 96

地理环境与陵寝营建 / 97

陵寝建筑 / 98

　神道 / 98

　陵宫 / 99

　附属建筑 / 102

永陵

墓　主 / 105

　世宗肃皇帝朱厚熜 / 105

　孝洁肃皇后陈氏 / 108

　孝烈皇后方氏 / 108

　孝恪皇后杜氏 / 109

陵寝卜选与营建 / 109

陵寝建筑 / 110

　神道 / 110

　陵宫 / 111

　附属建筑 / 116

昭陵

墓　主 / 118

　穆宗庄皇帝朱载坖 / 118

孝懿庄皇后李氏 / 120

孝安皇后陈氏 / 120

孝定皇后李氏 / 121

陵寝卜选与营建 / 122

陵寝建筑 / 124

神道 / 124

陵宫 / 125

附属建筑 / 127

定 陵

墓　主 / 129

神宗显皇帝朱翊钧 / 129

孝端显皇后王氏 / 130

孝靖皇后王氏 / 131

陵寝选址与营建 / 132

陵寝建筑 / 134

神道 / 134

陵宫 / 135

附属建筑 / 137

考古发掘 / 139

玄宫制度 / 143

五室 / 144

三隧 / 148

出土文物 / 150

宫廷实用物品 / 150

专用丧葬仪物 / 162

帝后尸骨 / 164

庆　陵　**墓　主 / 166**

光宗贞皇帝朱常洛 / 166

孝元贞皇后郭氏 / 167

孝和皇后王氏 / 168

孝纯皇后刘氏 / 168

陵寝选址与营建 / 169

陵寝建筑 / 171

神道 / 171

陵宫 / 172

附属建筑 / 176

德　陵　**墓　主 / 178**

熹宗悊皇帝朱由校 / 178

懿安皇后张氏 / 179

地理环境与陵寝营建 / 180

陵寝建筑 / 183

神道 / 184

陵宫 / 185

附属建筑 / 187

思 陵

墓　主 / 190

　　崇祯皇帝朱由检 / 190

　　皇后周氏 / 192

　　皇贵妃田氏 / 192

地理环境与陵寝营建 / 192

陵寝建筑 / 195

　　玄宫 / 195

　　地上园寝建筑 / 196

陵区内皇妃、太子、太监陪葬墓

成祖妃坟——东井、西井 / 202

宪宗妃坟——皇贵妃万氏坟 / 205

世宗妃、太子坟 / 208

　　贤妃郑氏坟 / 208

　　四妃二太子坟 / 210

　　沈、文、卢三妃坟 / 212

神宗五妃坟 / 215

崇祯太监王承恩墓 / 218

陵区附属建筑及相关古迹

行宫、园林 / 221

　　时陟殿 / 221

　　行宫 / 221

　　九龙池 / 222

长春亭 / 223

军事防御建筑 / 223

十口垣墙 / 224

昌平、巩华二城 / 230

相关古迹 / 232

工部厂及内监公署 / 232

松园 / 233

香帛亭 / 233

龙王庙 / 233

神仙洞 / 234

天寿灵山 / 235

圣迹亭 / 236

馆 / 236

老君堂 / 237

参考书目 / 238

后　记 / 245

前　言

明十三陵位于北京市昌平区的天寿山麓，陵域面积达 80 余平方公里。巍巍燕山山脉自西北逶迤而来，在陵域周围形成天然屏障。环山之内，是洪水冲刷而成的小盆地，山壑中的水流在平原中部交汇后曲折东去。绿树浓荫之中，一座座红墙黄瓦的陵园建筑，檐牙高啄，金碧辉煌，坐落在东、西、北三面的山麓上。其中，成祖陵——长陵位于北面正中位置，余陵分布左右，整体布局庄严和谐、主宾分明，在青山碧水的掩映下，显得格外肃穆幽雅。

明十三陵，依营建时间的先后依次为：长陵（成祖朱棣陵）、献陵（仁宗朱高炽陵）、景陵（宣宗朱瞻基陵）、裕陵（英宗朱祁镇陵）、茂陵（宪宗朱见深陵）、泰陵（孝宗朱祐樘陵）、康陵（武宗朱厚照陵）、永陵（世宗朱厚熜陵）、昭陵（穆宗朱载垕陵）、定陵（神宗朱翊钧陵）、庆陵（光宗朱常洛陵）、德陵（熹宗朱由校陵)、思陵(崇祯帝朱由检陵)。十三座陵园的地宫内除葬有13位皇帝外,还葬有皇后23人、皇贵妃1人和太子妃、妃嫔等,以及数十名殉葬宫人。此外,陵区内还建有七座妃坟园寝和一座

明十三陵分布图

太监墓,以及为帝后谒陵服务的行宫、园林等各式建筑。陵域周围则因山设险,在10个天然山口修筑了城垣、拦马墙等军事防御工事。

明十三陵作为中国历史上的一代帝陵墓葬建筑群有着自己的鲜明特色。

首先,陵区建筑的整体规划达到了历史上空前高的水平。

我国古代帝王陵寝的陵区设置,早在战国中期随着陵墓的建造就已出现,其制导源于我国古代以宗族为单位、按贵族的等级和宗法礼制关系布葬的"公墓"(见《周礼·春官·冢人》)制度。各个时代陵区规模的大小及建筑的设置各不相同,但总体来说,宋朝以前历朝历代的帝王陵寝建筑虽然彼此声势相连,形成了布局相对集中的陵寝区域,但各陵的独立性都很强。以唐及北宋诸陵为例,每座陵园都有各自的门阙、神道和石刻群,均自成体系。它们虽然在地理位置上形成了一个整体,但在建筑的设置上却彼此互不统属,缺乏有机的整体联系。明十三陵则不同,各陵虽然有各自的享殿、明楼、宝城,自成独立单位,但各陵寝的布置及神道得到统一规划,使得长陵神道作为各陵公共的"总神道"出现,并共用牌坊、石刻群,使陵区建筑紧密相连,形成了一个整体。

其二,天寿山的陵寝制度集前代帝陵建筑之大成,并加以变革,将明朝的陵寝制度发展到了最为完善的程度。

明朝的陵寝制度以朱元璋孝陵为转折点,变更古制,创新为前方(方形院落)后圆(圆形宝城),享殿、明楼、宝顶沿中轴线纵向排列的崭新的陵寝布局形式。明天寿山诸陵的陵宫建筑虽基本沿用孝陵制度，但更趋完善，形成了自己的面貌。如宝城马道之设较之孝陵更便于陵园的巡守；明楼内圣号碑的设置使该建筑的标示作用更为明确；方城前石供器及两柱门的设置增加了陵寝的纪念气氛，点缀了空旷的方城前院。

明长陵幽深曲折的神道上排列的陵寝兆域门（大红门）、神功圣德碑亭、石像生、龙凤门等墓仪设施均源自孝陵，但兆域门前石牌坊的设置、石望柱改置于石像生之前、像生中增加功臣像等，又较孝陵更臻完备，更能体现封建社会的礼制特点。

明十三陵的墓室形制也很有特色，它既不同于秦汉时期黄肠题凑的木椁墓室制度，也与唐代凿山为穴的做法有别，而是深埋地下的带有琉璃瓦、琉璃檐的仿宫殿式建筑。

当然，十三陵的规模大小和奢俭程度并不完全相同。其中，长、永、定三陵因系墓主生前所建，墓主在各自不同的历史环境中，都想通过陵寝规模的宏大壮阔，展示皇权的威慑力和自己功业的盛隆，所以建筑规模都非常大，装饰也极为奢华。相反，献、景、裕、茂、泰、康、昭、庆、德这九座由嗣帝组织建造的陵园规模都比较小。这是因为上述诸陵的墓主均是皇室中理所当然的皇位继承人，有着可靠的权力基础，在位期间也没有因受他方势力的控制而不得不竭尽全力进行权力角逐的经历，因此他们没有必要利用陵事展示自己的权威和不凡。故此，他们活着的时候都没有为自己营建陵园，加上嗣帝为先帝建造陵园，受葬期、国力的影响，他们不可能也没必要投入过长的时间和过大的人力财力，因此，这些陵都比长、永、定三陵规模小。思陵因系清初所建，故此规模更小。明十三陵规制并不完全划一的情况，又构成了其丰富多彩的历史文化内容。

其三，明十三陵历史文化遗存悠久丰富。

从创建至今，远者有600余年历史，近者也历300余年之久。其间虽然因改朝换代时的战争和年久失修等因素造成了陵园建筑残坏，但明清两朝及国民政府均对明陵奉行保护政策，设有相应的陵园保护机构，因而十三陵与其前代历朝帝陵相比，保存最为完好，其历史文化遗存也最为丰富。

中华人民共和国成立后，明十三陵受到了国家各级政府的高度重视。首先对长、景、永三陵进行了修缮。1956年5月，对定陵进行了考古发掘，经过清理，在原址建立了"定陵博物馆"。1957年，北京市政府公布十三陵为北京市第一批重点古建文物保护单位。1958年，在陵区东南部修建了十三陵水库，使陵区水光山色的风景更加妖娆。1961年，十三陵被公布为全国重点文物保护单位。1982年，十三陵和八达岭作为一个完整的风景区，被列为国家重点风景名胜保护区之一。2003年7月3日，经联合国教科文组织世界遗产委员会审议通过，十三陵作为"明清皇家陵寝"的扩展项目，正式列入《世界遗产名录》，成为世界文化遗产中的组成部分和全人类的宝贵财富。目前，已有长陵、定陵、昭陵、神道四处旅游景点对外开放，每年都有数以百万计的中外游人慕名参观。明十三陵作为中华民族古老文化的一部分，就像一颗璀璨的明珠镶嵌在首都的京北大地上，昔日神圣不可侵犯的皇陵禁区，今日已成为驰名中外的旅游胜地。

长 陵

长陵位于天寿山主峰南麓,是明朝第三位皇帝成祖朱棣和皇后徐氏的合葬陵寝。在十三陵中建筑规模最大、营建时间最早、地面建筑保存得最为完好。它是十三陵中的祖陵,也是陵区内最主要的旅游景点之一。

墓 主

成祖文皇帝朱棣

成祖文皇帝朱棣,是明太祖朱元璋的第四个儿子,生于元至正二十年(1360)四月十七日。明洪武三年(1370)四月初七日封燕王,十三年(1380)三月十一日,就藩北平。建文四年(1402)六月十七日即皇帝位,次年改元永乐。永乐二十二年(1424)七月征漠北,十八日病逝于榆木川,谥"体天弘道高明广运圣武神功纯仁至孝文皇帝",庙号"太宗"。十二月十九日葬于长陵。嘉靖十七年(1538)九月改谥为"启天弘道高明肇运圣武神功纯仁至孝文皇帝",庙号"成祖"。

朱棣在明代是个颇有作为的皇帝。《明史》记载,

成祖文皇帝朱棣画像

他"貌奇伟，美髭髯，智勇有大略"。早在当燕王时，就曾屡率诸将出征，并节制沿边士马。

洪武三十一年（1398）闰五月，太祖朱元璋去世。因太子朱标早逝，皇太孙朱允炆继承皇位，是为建文帝。朱允炆是个优柔寡断、缺少从政经验的年轻皇帝。朱元璋在世时，为了监视各地的将官，把军政大权牢靠地掌握在自己手中，曾先后三次封建诸子，把23个亲儿子分封为亲王，驻全国各战略要地，并赋予了极大的军事指挥权。这些亲王在太祖死后，自恃尊属，多拥重兵而不法，尤其不把年轻的侄皇帝放在眼里。为此，建文帝采纳兵部尚书齐泰、太常寺卿黄子澄的意见，采取了"削藩"措施。从洪武三十一年（1398）八月到建文元年（1399）六月，建文帝先后削除了五个亲王的爵位。朱棣见削藩就要轮到自己头上，就一面称病，一面在北平招募武士，训练军马，准备起事。后来，燕山百户倪谅告发了朱棣的阴谋，建文帝下令削夺燕王爵位，拘捕燕王府所有官员。北平布政使张昺和都指挥使谢贵出动了驻扎在北平的所有军队，将燕王府团团围住。朱棣利用官兵不敢轻易伤害自己的弱点，用诈降的计谋，把张、谢二人骗进王府杀死，遂率800守卫亲军杀出王府大门，以闪电战的方式迅速攻克九门，占领了北平城。并上书建文帝说齐泰、黄子澄都是奸臣，他要遵照朱元璋《祖训》中"朝无正臣，内有奸道，必举兵诛讨，以清君侧"的话，为朝廷铲除奸臣。又自称其师为"靖难"，意思是为皇帝解除危难。经过四年的激战，朱棣攻克了当时的都城南京。当朱棣率兵进城时，皇宫起火，建文帝不知所终。有人说他在宫中与后妃自焚身死,也有人说他从地道跑出,出家当了和尚,远游滇、黔、巴、蜀。这至今仍是明史的一桩疑案。

燕王朱棣在群臣的拥戴下,登上了皇帝宝座。第二年,改元"永乐"。朱棣即位后,为了避免藩王为争夺皇位而发动战乱,继续采取削藩措施,先后把封在北方的诸王迁徙到南方,并解除诸王军权,使军政大权完全归于皇帝。永乐十九年(1421)他毅然将京师由南京迁至北京,使北京成为全国政治、经济、文化的中心。他还先后五次率兵出塞,亲征漠北,打击蒙古贵族的侵扰活动,有力地加强王朝北部边塞的军事防御力量,使长城以内局势安定,百姓安居乐业。

在他统治时期,国家的经济、文化、外交等方面均取得了一定治绩。

在经济方面,他继续贯彻了洪武以来奖励农桑的政策,多次从南方移民到北方,开垦荒地,对战争中破坏较为严重的地方,还发给部分耕牛和农具,使生产迅速发展,出现了国库充实的繁荣局面。

在文化方面,他先后在永乐元年(1403)和永乐二年(1404),委派翰林学士解缙和姚广孝等人编辑《永乐大典》一书。该书汇编了大量文献资料,是我国历史上卷帙最为浩繁、内容最为广博的综合性大类书之一。

在发展对外交往和贸易上,他在永乐初年派遣"三保太监"郑和率领庞大的船队,满载金银绸缎和瓷器等珍贵货物,远航西洋各国,换取海外奇珍,发展了中国与西洋各国人民的友好关系,也提高了明王朝在世界上的声望。

成祖去世后,有16名宫人殉葬,其姓氏、谥号文献均没有记载。

仁孝文皇后徐氏

仁孝文皇后徐氏,洪武九年(1376)被册封为燕王妃,朱棣称帝后册封为皇后,永乐五年(1407)七月初四日去世,享年46岁。谥"仁孝慈懿诚明庄献配天齐圣文皇后",永乐十一年(1413)二月,长陵玄宫落成,葬入陵园。

徐氏的父亲是明代开国元勋徐达。朱元璋当了皇帝后,听说徐达的大女儿从小贞静好读书,有"女诸生"之称,又十分贤淑,就令聘为燕王妃。

成祖当了皇帝后,徐氏曾多次对他说:南北累年战争,民力疲敝,应该休养生息;内外贤才,多是先帝旧臣,不应另眼相待。成祖勤政,有时视朝到很晚,徐氏每次一定要等成祖散朝后一同进餐。一天,她问成祖,陛下治理国家靠哪些人?成祖告诉她:"六卿理政务,翰林职论思。"她就征得成祖同意,召见这些官员的命妇,赐冠服钞币,并对她们说:"妇之事,奚止馈食衣服而已,必有助焉。朋友之言,有从有违,夫妇之言,婉顺易入。吾旦夕事上,惟以生民为念,汝曹勉之。"她还先后作《内训》20篇,又类编古人嘉言善行,作《劝善》书,颁行天下。

徐氏生子三人。长子朱高炽,后来当了皇帝,是为仁宗。次子高煦，初封汉王，宣德元年（1426）谋反，废为庶人。三子高燧被封赵王。徐氏还生有永安、永平、安成、咸宁、常宁五位公主。

天寿山吉壤的卜定与陵寝营建

永乐五年（1407）七月，皇后徐氏在南京病故。按照常理，朱棣应该在南京附近营建陵园，以便于朝廷对陵园管理，同时也为子孙后代的嗣帝们拜谒祖先提供便利的条件。但是，由于成祖早有迁都北京的设想，北京的皇宫已在营建之中，所以，他随即派人前往北京一带卜选陵地，以便自己百年之后与皇后合葬在自己行将确定的京师——北京附近。

皇帝选陵地也迷信风水。他派人选了好多地方，包括京西燕台驿、玉泉山、潭柘寺等地，均未获吉。直到永乐七年（1409），才由礼部尚书赵羾率江西术士廖均卿等人选定长陵这块地方。

据清光绪二十七年（1901）重刊的《兴邑衣锦三僚廖氏族谱》记载，廖均卿，字兆保，号玉峰，生于元顺帝至正十年（1350），明江西赣州府兴国县衣锦六十三都（今江西省赣州市兴国县梅窖镇三僚村）人，为唐代风水大师廖三传的后人。族谱中所辑廖均卿第五子廖信厚撰写的《均卿太翁钦奉行取扦卜皇陵及行程回奏实录》记载了廖均卿卜吉天寿山的详细过程：

因路途遥远，且道经徐州时突然天降大雪，雪深难行，到了永乐六年（1408）正月二十四日廖均卿等人才到达北京。他们先后查看了京西的燕台驿（今属北京市门头沟区）、玉泉山（今属北京市海淀区）等地，三月下旬返回南京。

三月二十六日，廖均卿等奉旨第二次前往北京。五月初一日到达北京后，廖均卿遍览京郊，于六月初一日来到了北京昌平黄土山（即天寿山）一带。初十日，他登上山顶，四面察看，见该地风水绝妙，遂绘制山图，次日将图绘好。十二日，与众人登上黄土山后龙，查看来脉结于何处。

七月十二日，廖均卿等人动身返回南京。八月初一日上朝时，将山图献给成祖，并上《朝献山图表章》一道，表章对黄土山风水大加赞美。

永乐七年（1409）正月，廖均卿再至北京。十三日至十五日去黄土山查看，当时天降大雪，雪深风寒，但十七日那天，年近六旬的廖均卿还是不顾风急路滑，冒雪去黄土山上再次查看。次日天晴，又去查看一番。

四月初四日，成祖来到昌平看黄土山吉地，廖均卿随行。此后又先后赴京西潭柘寺、香山等处查看。

闰四月初二日，成祖再次查看黄土山，廖均卿仍随行。初三日一早，成祖返回南京。廖均卿等人则于初四日到京北阳山的茶湖岭查看一番。次日，又看了京北怀柔的洪罗山。初六日查看了百叶山。此后又先后到辛家庄、斧口、谷山、文家庄、石门驿、汤泉、禅峰寺等处继续查找吉地，以供成祖选取。

由于廖均卿卜选陵地非常辛苦，明成祖于五月初五日当殿吩咐:"廖均卿等臣,遍游山川,劳苦风霜,各封赏官职。"

初八日丑时(夜1点至3点),廖均卿等随成祖前往天寿山定穴。巳时末(上午11点),成祖赐廖均卿金剑一把、银锄一把,让他点定了陵穴。紧接着成祖又委派了督工提调官,并下旨封黄土山为天寿山。

从天寿山的地形地貌看,这里的确是一处非常难得的风水宝地。这里旧名黄土山,也叫康家庄楼子营,四面青山环抱,碧水横流,林木葱郁,正是古代风水术所讲究的龙、穴、砂、水俱妙的帝王墓葬吉地。

其中,长陵北面是天寿山主峰三峰并峙,中峰海拔750余米,是陵域最高的山峰。从西峰延伸至陵后则有一座山圆如倒扣的铁锅,这种山形地貌正是风水术所讲的三台和华盖的峰峦形势。《永乐大典》引唐李淳风《小卷》是这样解释三台和华盖的:"三峰耸崒为紫气……若中峰尤高,则为'三台'。""华盖,圆如覆釜。"正因为如此,廖均卿在《朝献山图表章》中形容长陵后面的山是"三台、华盖拱帝座以弥高"。

古代风水术称墓葬后面的山为"玄武",要求它必须由连绵不断的许多山峰组成。其中,远处的山要特别高大,往前延伸,则山势一座一座逐渐低矮,这叫"玄武垂头"。将目力所及的最高山峰称为"少祖山";称处于墓葬之后的比较高大的山峰为"父母山";处于墓葬之后的小山为"胎息""孕育"。长陵后面的山像连珠一样一座接一座,由前及后,山势越来越高,正符合风水术的这种要求。

风水术认为风水吉地必须四面环山，就像天上的紫微垣周围环绕有二十八宿星官那样，所谓"在天成象，在地成形"。其中，后面的山是"玄武"已如前述；左面的山，被称为"青龙"或"龙砂"，其形态须呈"蜿蜒"之势；右面的山称为"白虎"或"虎砂"，其形态须呈"驯俯"之态，即要蹲踞有力；前面的山，称为"朱雀"，要呈"翔舞"之态。这四面的山合起来又称为"四势"。长陵东面有蟒山，其蜿蜒的走势，确有龙蛇游动之态；西面的虎峪山，高大敦厚，犹如蹲踞之虎；前面的天寿灵山以及昌平后山，秀丽而圆浑，正符合"朱雀翔舞"之说。所以，廖均卿形容长陵周围的山势是"巍巍乎，四势呈祥"，又说是"青龙奇特，白虎恭降"，"四维趋伏"。

风水术要求好的墓葬左右和前面都要有水流环抱，诸水汇合一处后流出墓葬区，被称为"水口"。水口处要有山如"捍门华表"拦挡水流，使人们看不见水流的最后出处。长陵东有老君堂水，西有上下口水、锥石口水、德胜口水数条水流，左右抱合，汇合后流经陵前，最后从十三陵水库大坝处（古称东山口）转折南流。而该处因有蟒山在北、汗包山在南、平台山在西、照壁山在东，对水流进行拦挡，所以得到廖均卿"捍门华表，镇塞星河"的称赞。又由于长陵的水口在陵区的东南方，风水术称东南方的巽方为"地户"，水流由小到大，最后"盈而后溢"为"囚谢"，廖均卿也有"地户水流囚谢"的赞美之辞。

长陵陵址确定后，永乐皇帝下令改黄土山为天寿山。又命武安侯郑亨祭告兴工，武义伯王通率军民工匠动工营建，陵园的设计规划以及工程技术和质量等方面的事宜则由工部尚书吴中负责办理。

按成祖之命,陵区内的坟茔均应迁到陵区之外,只有康老一坟在长陵宝城东侧未迁。康老葬于元代,系当地土著,当发墓次及康老坟时,成祖忽生善念,说:"安死者,人之同情也。"恩准勿迁。并命每年赐给祭品,春秋两季祀以少牢。陵园所在地的右后方,旧有黄山宝泉寺,该年六月十二日成祖命移出山外,迁建在陵区东南的南邵村,即后来的"法云寺"。此后,群山之内遂尽属陵寝兆域。

在陵园的营建过程中,成祖曾于永乐八年(1410)九月驾幸天寿山,亲自察看山陵的修建情况,其后又多次对陵园的建设和工匠等情况给予关注。永乐十一年(1413)正月,工程浩大的玄宫建成,皇后徐氏的棺椁从南京宫殿运来正式安葬,并命陵名为"长陵"。

永乐十四年(1416)三月初一日,长陵祾恩殿建成,赵王朱高燧奉命将徐皇后的神位安奉殿内。宣德二年(1427)三月,陵园殿宇工程大体告竣。前后用了近18年的时间,陵宫的主体建筑才基本告成。此后,正统初年又陆续修建陵园神道墓仪设施,总计历时近30年的时间,陵园建置才基本完备。后嘉靖年间又增建了神道大石牌楼(石牌坊)及陵宫内的龙趺碑亭。如果算上这两座建筑,长陵的营建跨时已长达130余年。

陵寝建筑

在我国古代，陵寝建筑和帝王宫室等其他各种礼制性建筑一样，除了一般的实用意义外，还都具有强化皇权、巩固封建王朝统治的政治意义。明成祖朱棣通过"靖难"之役篡权得帝，虽然进行了百般掩饰，但这种有悖于封建伦理道德规范的行径，还是会受到朝野上下的指责和反对。朱棣为了巩固自己的统治，必然要充分运用陵寝建筑这一礼制性建筑的宏伟壮丽来体现皇权的崇高伟大，从而达到"正名分、辨尊卑、别上下"的礼制渲染和震慑臣民的政治目的。基于此因，长陵的建筑规模特别宏大，十分有气势。其陵寝制度虽沿袭明太祖朱元璋的孝陵制度，但又进行了改革和完善，因而其陵寝制度更臻完善，且殿宇建筑的规模及华丽程度也毫不逊色于明孝陵，甚至胜过了孝陵。

神道

长陵的陵寝建筑和朱元璋的孝陵一样，也由神道前导建筑和陵宫建筑两部分组成。

长陵的神道总长约 7.3 公里，明朝时由南而北（北达于陵门）依次建有石牌坊、三孔石桥、大红门、长陵神功圣德碑亭、石像生、龙凤门、南五孔桥、七孔桥、北五孔桥等一系列神道墓仪设施及桥涵建筑。现除三孔桥、七孔桥已残坏外，其余建筑均保存较好。

石牌坊，位于神道的最南端，建于嘉靖十九年（1540），是目前所见我国营建时间最早和建筑等级最高的大型仿木结构石牌楼。此坊系明世宗朱厚熜为旌表祖先的丰功伟绩而建造的功德牌坊，故明朝时谒陵官员到此都要下舆改乘马前行，以示对祖先的尊崇。

坊体以白石及青白石料雕琢组装而成，面阔为五间（通阔28.86米，其中明间阔6.46米，次间各阔5.94米，梢间各阔5.26米）。顶部有主楼五座、夹楼四座、边楼两座。支撑楼体的石柱计有六根，柱的下端前后各有夹柱石，夹柱石四面的雕饰图案极为精美：

石牌坊

中间两夹柱石四面各雕云龙，顶部前后各雕麒麟，两侧各雕宝山图案；侧面两柱四面雕草龙，再侧两柱四面分雕双狮滚绣球图案，四柱夹柱石的顶部前后各雕卧狮，左右亦雕宝山。各柱及夹柱石之下承以雕饰莲瓣的础盘。柱的内侧各雕梓框，梓框的上端雕为云墩，上雕雀替，并贯以三幅云雕饰。再上则依次安置额枋、花板、龙门枋。其中花板雕如意云，额枋与龙门枋则各雕一整二破旋子彩画，枋心素面。龙门枋之上架有左右高拱柱，柱间有雕饰云纹的龙凤板及雕饰旋子彩画的单额枋，其中明间的龙凤板上雕有匾额，额上无字。牌坊的各部位在明朝时曾有油漆彩画，现其凹陷部位仍有残迹遗存。

这座牌坊形体高大、雕琢精细、各部位比例协调适度，堪称是我国石构牌坊中的杰作，而且位置经营也极为合理。其北，牌坊的中门门洞正对天寿山的主峰，其东西两侧又有龙虎二山的余脉左右蜿蜒映衬，形成了极佳的景观效果。其实，此牌坊设置的初意，是完全出于风水上的考虑。所以，清初学者梁份在《帝陵图说》中曾做这样解释："天寿山势层叠环抱，其第一重东西龙砂欲连未连，坊建其中以联络之，以青乌家言，非直壮美也。"

石牌坊北 1.25 公里处为陵区的总门户——大红门。此门坐落在陵区的南面龙山和虎山之间的一个高岗地上，其制为单檐庑殿顶，黄琉璃瓦，下承石雕冰盘檐。檐下门垛面宽 37.85 米，进深 11.75 米，红墙下辟券门三洞。在大红门的两侧，明朝时曾设有红墙随岗地的坡度分三次递减高度，并与龙虎二山连成一体。红墙之下设有左右掖门以通人行。根据文献的记载，这三个券门各

大红门

有不同功用：中门为帝后梓宫（棺椁）、神御物等经由之门，左门（东门）为皇帝谒陵所经之门，右门（西门）则为大臣们谒陵时进入陵区所经之门。这是明孝陵及天寿山陵区共同奉行的礼制规定，它体现了我国古代"居中而尊"以及"尚左"的礼制观念。但在明朝，却并非所有人都对这一礼制十分清楚，也曾出现过守陵内臣因此而向皇帝状告谒陵官员的事情。

在我国的封建社会，帝王的尊严至高无上，陵区被视为神圣的禁地，不仅老百姓不能随便出入，即使是朝廷命官到此谒陵，也要下马步入陵区。故门前左右至今仍矗立着明代的"下马碑"。两碑各高5.32米，正反两面刻"官员人等至此下马"八个大字。

明人张循占有诗写道："华表双标白玉栏，红门下马驻银鞍。

朝霞照耀青袍色，翠滴松楸碧殿寒。"正是昔日陵区神圣威严的真实写照。明代中期以后，每遇陵园祭祀，昌平镇守总兵官身着戎服，率兵12000人在大红门前跪迎神帛、祭物及谒陵官员。大红门之左还设有径约五尺的大锣，敲击时，声震山谷。

大红门内，路东是时陟殿（俗称"拂尘殿"）遗址。《历代陵寝备考》记载，这组建筑有正寝二殿，围房60余间，围房四周栽有500余棵槐树。此处是帝、后、诸妃谒陵时的更衣之所。

大红门北约0.6公里的地方，有一座重檐歇山顶的碑亭，这就是长陵的"神功圣德碑亭"。此亭平面为正方形，台基边宽23.1米，亭高25.14米，四面各辟券门。明朝时，碑亭的上顶曾是木质梁架结构。乾隆五十年（1785）清廷修缮明十三陵时，督

长陵神功圣德碑亭

理此项工程的协办大学士吏部尚书刘墉、工部尚书金简等人，鉴于该碑亭"已坍塌不堪，仅有墙基"的情况，初拟"将所存墙框拆去，周围砌石栏"。后来他们发现永、定二陵明楼为石券顶（实际为砖券顶，其勘查情况有误），"至今并未倾圮"，遂决定将此碑亭的里面上顶部分亦改为石券顶结构，以便持久。现亭内乾隆年间所构石券顶保存完好，的确对碑亭的持久延续起到了良好作用。

碑亭之内树有长陵神功圣德碑。碑为白石雕成，通高 7.91 米。碑首有 6 条高浮雕首尾交盘、头部下垂的蛟龙。碑趺是一个昂首远眺的大龟，龟下有长方形的石台，上刻水波漩流。

碑首的正面，中心部位有篆额天宫，刻"大明长陵神功圣德碑"。碑身刻明仁宗朱高炽为其父成祖朱棣撰写的碑文。碑的其余三面原无文字，清代又添刻了一些碑文。背面刻清高宗御制诗《哀明陵三十韵》，左侧刻乾隆五十二年（1787）御制诗，右侧刻清仁宗嘉庆九年（1804）御制文。

碑亭前后各有一对高大的白石华表。这四座华表各高 10.81 米，对称而设。它们既是陵墓前的标志之一，又是碑亭前后的石雕装饰物。四华表的形制相同，基座均为平面呈八边形的须弥座，其上下枋、束腰部位均雕有精致的云龙图案。其座上的华表柱亦为八角形，但棱角处较为圆浑，四柱各雕有萦绕柱身盘旋而上的升龙及云朵。柱的上部各穿有一块云形石板，顶部则雕圆盘，盘上各雕一昂首长嘶的神兽——蹲龙，四柱上的蹲龙，朝向分为南北两个方向。这四座华表在明朝文献中还被称为"擎天柱"。

碑亭的北面是排列长达 800 米的石望柱和石人石兽。这些石雕装饰，古代又名之为"石像生"，其设置的目的是用以表饰坟垅，象征死者生前仪卫，同时又有保护陵园的象征意义。

明长陵的石像生设置，基本上沿用孝陵制度，但又增置了四尊功臣像。

长陵的石像生，排在最前面的是一对石望柱，其高度为7.16米，柱身、基座截面均作六边形。其中，基座作须弥座式，柱身雕云纹，顶部雕云龙纹柱帽。我国自汉代以来，盛行于神道上竖立石柱作为标记，故明代帝陵仍沿袭此制。

石望柱之后，依序排列石兽12对，石人6对。

石兽，共有6种。由前而后依次为狮、獬豸、骆驼、象、麒麟、马。每种各为两对，均为前者坐（或卧），后者立，相对排列于神道两侧。

石狮，坐者高1.88米，身长2.1米；立者高1.93米，身长2.5米，项部各雕有缨、铃、带饰等物。狮为世间猛兽，唐虞世南《狮子赋》有"瞋目电曜，发声雷响"的形容。

石獬豸，坐者高1.9米，身长2.15米；立者高1.9米，长2.5米。獬豸为古传说中象征正义与公平的神兽。

石骆驼，卧者高2.5米，身长3.65米；立者高2.9米，身长3.9米。将骆驼列为神道石像生

长陵神道石狮

内容之一，最早见于东汉灵帝时太尉桥玄之墓。但为帝陵所用，则始自洪武年间修建的明孝陵，所以，长陵神道仍列有此兽。

石象，卧者高 2.6 米，身长 4.4 米；

长陵神道石象

立者高 3.25 米，身长 4.3 米。文献记载，早在东汉时期，石象已是帝陵神道像生内容之一。明朝继续沿用，当是因为它有象征祥瑞之意（可寓意"太平有象""万象更新"）。

石麒麟，坐者高 1.95 米，身长 2.2 米；立者高 2 米，身长 2.63 米。麒麟为传说中的太平、祥瑞之兽。

石马，卧者高 1.9 米，身长 2.8 米；立者高 2.2 米，身长 2.9 米。与獬豸、骆驼、象、麒麟一样，均未在身上雕任何装饰物。马是古代时主要的坐骑之一。明朝的朝会仪式，专设有"典牧官，陈仗马、犀、象于文武楼南"，是皇帝仪卫队伍中的一部分，历代帝陵墓前也多设有此兽。

石兽之后为石人。均作立像，高 2.2 米。其装束、姿势各不相同。

前面的四尊石人像，均作御前侍卫将军形象。头戴凤翅盔，身着铠甲。其中前面的两尊，怒目虬须，左手握剑柄，右手执短柄金瓜；后面的两尊则年轻俊秀，佩剑，双手交叉前置。

再后四尊石人像，均雕作头戴七梁冠，身着上衣下裳式的祭服，双手执笏的恭立姿势，为明朝一品官形象。

最后四尊石人像，也作身着祭服的官员形象，但其七梁冠上雕有笼巾貂蝉（貂蝉为笼巾上的饰物。貂，即貂尾，原笼巾上挂有此物，明朝时均以雉尾代替；蝉，为蝉形饰物），为功臣形象。

这组石雕群有两个特点。一是体积大。其中最大的石象包括基座，体积近30立方米。根据明英宗时礼部尚书胡濙为内官监太监倪忠墓所作《寿藏记》记载，如此之大的石料，包括神功圣德碑等石料，均为正统元年（1436）至正统三年（1438）由倪忠奉命从房山县独树石场督采而来的。在当时技术落后的条件下，这些石料多是采用"旱船拽运"的方法运输而来。旱船

长陵神道石将军

长陵神道石功臣

均以木制造，运输前先要通垫道路，沿途以井水浇路，乘严冬结冰时，载石旱船中，然后挽行至陵区。用这种方法运石，虽因冰面光滑而减小了石块运行中的阻力，但毕竟石料巨大，所用人力物力仍十分惊人。如嘉靖三十六年（1557）修建皇宫三大殿，从房山大石窝运送一块长三丈、宽一丈、厚五尺的中道阶石，就用了顺天等八府民夫2万人，28天方运至京，计用白银11万余两。不难想象，这些石雕物所耗费的人力、物力是难以数计的。

二是雕工精细，具有高超的艺术水平。其中，狮、獬豸、麒麟，张口露齿，肢爪强健有力，颇具威仪；象、骆驼、马则神态安详，雍容驯服；石人也各具姿态，将军顶盔贯甲、持瓜佩剑，一派虎威；品官与功臣，袍笏肃肃，玉佩璀璨，似乎在恭候大行皇帝灵驾的到来。雕刻之精细，乃至须眉脉络，衣纹飘转都一丝不苟。

石像生的尽端是一座玲珑别致的棂星门。棂星门，又作"灵星门"（古代"灵"与"棂"通用）或"乌头门"。建筑形制起源于古代的"乌头染"，后来这种柱出头式牌坊门被封建统治阶级命名为"棂星门"，成为象征王制的尊者之门。这座棂星门设门三道，每道门有门枕石两块，可安门两扇。又由于三门大额枋的中央部位上端各饰有宝珠火焰的石雕装饰物，所以人们又称之为火焰牌坊。此外，此门又有"龙凤门"之称，这是因为帝后入葬山陵，此门为必经之处。三门之间的短垣在明朝时曾鬏黄绿琉璃饰件，清代修葺改成红墙形制，1994年修葺再度恢复为琉璃照壁形式。

穿过棂星门，北行约0.8公里处有南高北低的大土坡，古代

龙凤门

曾名为芦殿坡，是谒陵时搭盖蓆殿，停放帝后神帛、祭物，并栖息谒陵随行百工的地方，又是帝后梓宫入葬山陵前的停放之处。

再北 0.8 公里处为明朝时陵区内主要的桥梁——七孔桥的故址。据清梁份《帝陵图说》记载，此桥未毁时，"桥下之水，东北则老君堂口，西北则贤张（亦称贤庄口）、灰岭、锥石三口，西则德胜口皆径于桥。天寿诸山水会为一川，东流出东山口，经巩华城合朝宗河入白水，汇为潞河，流于直沽，达于海"。万历三十五年（1607）闰六月，该桥北面两孔被大水冲毁；天启六年（1626）七月，桥身再次受到洪水的摧毁；民国十五年（1926），仅存的南面两孔又被山洪冲毁。现在，新建七孔桥东侧仍有残坏的桥墩保存。

其南不远的地方有明朝时建造的南五孔桥。其北约 1.6 公里处又存有明代所建的北五孔桥，再北约 1.2 公里处就是长陵的陵宫建筑了。

自北五孔桥以北（至长陵陵宫建筑之间为长陵的神道），明嘉靖十五年（1536）时曾氂砌石条，路面宽 4.7 米。至今仍有大部分保存。神道的两侧，明朝时曾栽植松柏树各六行，明朝灭亡后被砍伐殆尽。

由于陵区内其他各陵的神道都是从长陵的这条神道分出，故这条神道在清朝的文献中又记为"总神道"。其中，长陵神功圣德碑亭至龙凤门之间布列的墓仪建筑设施最为集中，系神道建筑的精华所在。为此，十三陵特区办事处对其绿化美化和环境治理，于 1990 年 9 月 1 日正式开辟为旅游景点。

陵宫

长陵陵宫占地约 12 万平方米，其平面布局呈前方后圆形状。前面平面为方形的部分，由前后相连的三进院落组成。

第一进院落，前设陵门一座，其制为单檐歇山顶的宫门式建筑。面阔五间，檐下额枋、飞子、檐椽及单昂三踩式斗拱均系琉璃构件构成，墙身辟有三个券门。陵门之前建有月台，左右建有随墙式角门（已拆除并封塞）。院内，明朝时建有神厨（居左）、神库（居右）各五间，神厨之前建有碑亭一座。神厨、神库均毁于清代中期，碑亭则保存至今，落成于嘉靖二十一年（1542）五月,南向。形制为重檐歇山顶,四面各设红券门,内为木构梁架,天花顶。

亭内立有一座造型新颖别致的圣绩碑。石碑的碑首雕有一龙,龙头探出碑外。碑趺造型也作一龙,但形态仿龟趺式作伏卧状,清代文献称之为"龙趺碑"。据《明世宗实录》记载,碑亭落成后,礼部尚书严嵩曾奏请世宗皇帝"亲御宸翰制文",但世宗始终未写,因此此碑成了"无字碑"。直到清中叶时期,碑上才刻上清代皇帝撰写的碑文。碑阳是满汉两种文字的清世祖顺治十六年(1659)谕旨。碑阴刻乾隆五十年(1785)清高宗的《谒明陵八韵》诗,碑左刻清仁宗嘉庆九年(1804)御制《谒明陵八韵》诗。

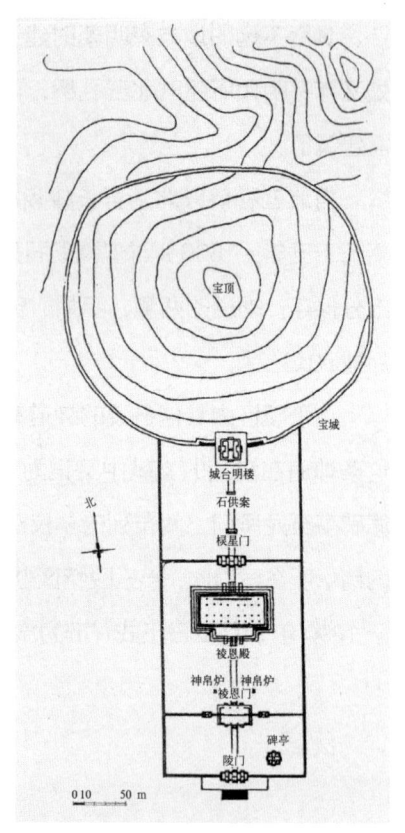

长陵平面图

第二进院落,前面设殿门一座,名为祾恩门。据《太常续考》等文献记载,天寿山诸陵陵殿名为"祾恩殿",殿门名为"祾恩门",始于嘉靖十七年(1538),是世宗朱厚熜亲赐佳名。其中"祾"字取"祭而受福"之意,"恩"字取"罔极之恩"意。

长陵祾恩门，为单檐歇山顶形制，面阔五间（通阔31.44米），进深二间（通深14.37米），正脊顶部距地面高14.57米。檐下斗拱为单翘重昂七踩式，其平身科斗拱耍头的后尾作斜起的杆状，与宋、清两朝做法俱不相同。室内明间、次间各设板门一道，梢间封以墙体。其中明间板门之上安有华带式榜额，书"稜恩门"三金字。"稜"字系后世修葺时误写，因为"稜"字的含意是指物体上呈条状的突起部分，与"祭而受福"的意思毫不相关。

祾恩门的下面承以汉白玉栏杆围绕的须弥座式台基，其栏杆形制为龙凤雕饰的望柱和宝瓶、三幅云式的栏板。台基四角及各栏杆望柱之下，各设有排水用的石雕螭首（龙头）。台基前后则各设有三出踏跺式台阶，其中路台阶间的御路石上雕刻的浅浮雕图案十分精美：下面是海水江牙云腾浪涌，海水中宝山矗立，两匹海马跃出水面凌波奔驰；上面是两条矫健的巨龙在云海中升降飞腾，呈现出一派波澜壮阔的雄伟景象。

祾恩门两侧各有掖门一座，均作随墙式琉璃花门，门上的斗拱、额枋，门顶的瓦饰、椽飞均为黄绿琉璃构件组装，在红墙的映衬下格外分明。

院内北面正中位置建有高大巍峨的祾恩殿。这座大殿在明清两代是用于供奉帝后神牌（牌位）和举行上陵祭祀活动的地方。

明朝从孝陵以后，陵寝祭殿有享殿、陵殿、献殿、寝殿、香殿等不同称呼。殿内日常陈设有神榻（灵座、龛帐）、帝后神牌、册宝、衣冠、御座、香案以及各种乐器。朝廷遣官致祭时，殿内再增置陈设祭品用的正案、从案、三牲案匣等。

长陵的这座祾恩殿,是明代帝陵中唯一保存至今的陵殿,堪称是我国古代木构建筑中的珍贵遗物,其珍贵之处主要表现在如下三方面:

一是规模大,等级高。此殿制仿明代皇宫金銮殿(明代先后称奉天殿、皇极殿)修建,面阔九间(66.56米),进深五间(29.12米),柱网总面积达1938平方米,是国内罕见的大型殿宇之一。殿顶为古建中等级最高的重檐庑殿式,覆以黄色琉璃瓦饰。正脊至台基地面高25.1米。上檐饰重翘重昂九踩斗拱,下檐饰单翘重昂七踩鎏金斗拱。六排柱前后廊式的柱网排列方式规整大方。殿内"金砖"铺地,殿下有3层汉白玉石栏杆围绕的须弥座式台基和一层小台基,总高3.215米。台基前出三层月台,每层月台前

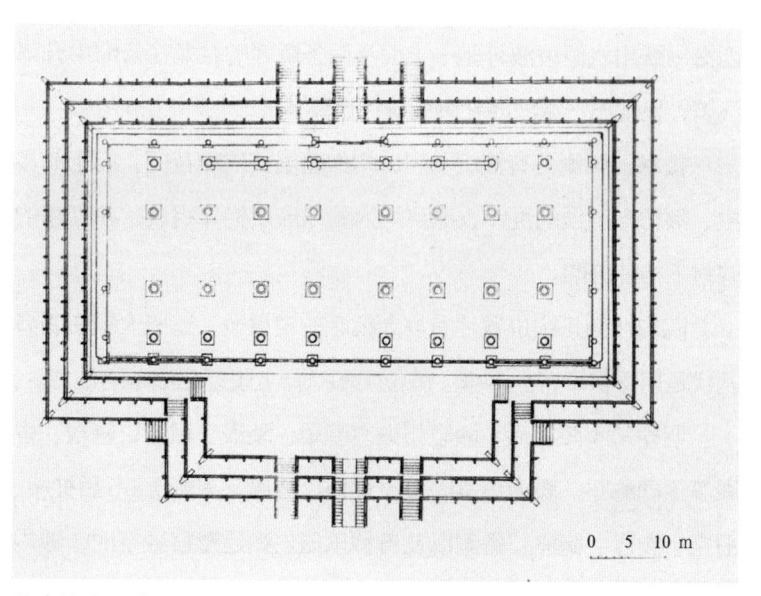

长陵祾恩殿平面图

长陵祾恩殿雪景

各设三出踏跺,古称"三出陛"。其中,中间一出踏跺的御路石雕由上、中、下三块组成,最下面的一块与祾恩门图案相同,上面的两块分别雕刻升降龙图案。台基上三层汉白玉石栏杆形制也与祾恩门相同。此外,月台两侧还设有祭陵时供执事人员上下的旁出踏跺。台基之后也设有三出踏跺,其形制同月台前踏跺。

二是用材考究。此殿梁、柱、枋、檩、鎏金斗拱等大小木构件,均为名贵的优质楠木加工而成。各构件在殿内部分(除天花外)无油漆彩画,显得质朴无华。支撑殿宇的 60 根楠木大柱,用材粗壮,是世上不可多得的奇材佳木。特别是殿内林立的 32 根重檐金柱,高 12.58 米,底径均在 1 米上下,其中明间中间的 4 根金柱最为粗壮,左一缝前金柱底径达 1.12 米,两人合抱,不能交手。

长陵棱恩殿楠木柱

　　文献记载，天寿山各陵及北京宫殿所用楠木，均采自四川、湖广一带的深山密林之中。那里人迹不到，"毒蛇鸷兽，出入山中，蜘蛛大如车轮，垂丝如缅，胃虎豹食之。采者以天子之命谕祭山神，纵火焚林，然后敢入"。伐倒的楠木，也往往是"一木初卧，千夫难移"。明万历年间，四川一带有"入山一千（人），出山五百（人）"的谚语。清孙承泽《春明梦余录》卷四十六记明代运图，自蜀运木有"山川险恶""跋踄艰危""蛇虎纵横""采运困顿""飞桥度险""悬木吊崖""天车越涧""巨浸飘流"等险恶经历。而结筏水运时，每筏运木604根要用竹4405根，还配有运夫四十人，自蜀至京，不下万里，其运送周期通常都在三年左右。由此可知，明朝时采伐楠木确实十分艰难。且一木至京，费银竟达万两。

三是重要的历史、文物价值。关于我国古建技术的历史记载，宋代有《营造法式》，清代有《工部工程做法则例》，都是官修的建筑工程用书。但处于宋、清两代之间的元、明两代却都没有官修建筑用书存世。因此，元、明两代遗留下来的古建筑，就成为建筑史学界研究元、明两代建筑法式和特点的基本素材。特别是像长陵祾恩殿这样高等级的明代官式建筑，更是不可多得的珍贵实物。

这座大殿从结构上看，属叠梁式构架体系，不推山。宋元时期的叉手、托脚等构件已不采用，且早期的襻间斗拱也按照"檩、垫、枋"的组合方式由垫板代替。整体结构更趋简化，节点更趋牢固。由于梁的外端做成巨大的耍头伸出斗口之外，柱头科斗拱的机能发生了变化。但如果挑檐檩受力向下弯曲，平身科斗拱仍能起到悬挑的作用。平身科斗拱的形制采用了宋元时期都没有的落金式鎏金斗拱。斗拱后尾部分均呈30°角斜向上伸，真假昂并用（上层昂为真昂，下层昂为假昂。假昂的昂头，从交互斗斗口处斜向下伸，没有"假华头子"雕饰，很有特色），下檐斗拱上层昂昂尾等构件挑起的斜杆直伸至博脊枋下，并有三幅云、蔴叶头、菊花头等装饰构件。它既不同于宋式真昂形式的斗拱，也与清《工部工程作法则例》的假昂式鎏金斗拱有别。此外，斗欹有颤，角科斗拱鸳鸯交首拱的继续采用，以及斗拱比例的减小，平身科斗拱排列的相对丛密，而各间攒档在尺度上又大小不等等特点，都体现了由宋到清在法式特点上的过渡。

当然，此殿历经500余年的漫长岁月，在此期间，殿宇的彩画及殿内的装饰情况都曾发生过变化。按《帝陵图说》所记，康熙年间长陵祾恩殿的殿内情况是："梁柱雕镂盘交龙，藻井、花鬘、地屏、黼扆，金碧丹漆之制一如宸居。"清顾炎武《昌平山水记》对清初殿内的情况，也有"中四柱饰以金莲，余皆髹漆"的记载。但到了清代中叶，由于多年来陵园看护不力，殿内的神牌、供案等物先后被盗窃一空，彩画脱落情况也十分严重。为此，清高宗于乾隆五十年（1785）下旨修葺明十三陵时，特命为长陵等陵"增设龛位"。工部尚书金简等人在对明陵实地勘查后也上奏说："其各陵暖阁地平、龛案、神牌现俱遗失无存，亦应一体添造，俾臻完备。"

至于殿宇彩画，经钦派督办修理明陵工程协办大学士吏部尚书刘墉及工部尚书金简等人在查勘之后也提出了具体处理意见："内里木植所有油什处所，年久全行脱落，露身俱系楠木，似可毋庸重加油饰，竟露楠木质地，似觉古雅。至外檐上架斗科，拟改用雅五墨。天花见色过色。下架用红土垫光油。"

现在，人们所见到的祾恩殿外檐彩画，是乾隆修缮

长陵祾恩殿雕龙望柱头

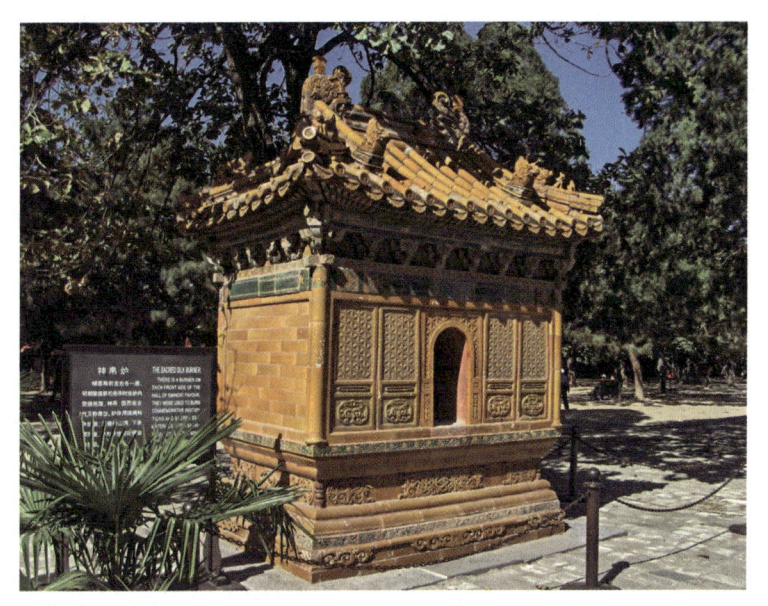

长陵神帛炉

之后又屡经重新装饰的彩画,故已非乾隆时旧貌。殿内的彩画,由于乾隆时清除得不够彻底,故至今人们仍可在斗拱的凹陷部位及部分挑尖梁梁身上隐约看到明朝彩画的痕迹。清乾隆时增设的雕龙大龛、供案、神牌等物则在尔后动荡的时局中相继被破坏。其中,供案毁于解放战争时期,雕龙大龛则毁于"文化大革命"中。

祾恩殿的左右两翼,明朝时曾建有左右配殿(又作"廊庑")各十五间,清代中叶被毁坏并拆除。配殿之前各建有神帛炉一座,保存完好。其制均由黄、绿琉璃件组装而成,小巧玲珑。炉顶为单檐歇山式,炉身正面为四扇假棱花槅扇,正中辟券门,门内为小室,用于焚烧祭祀所用的神帛和祝版。

第三进院落,前设红券门制如陵门,为陵寝第三重门。院内沿中轴线方向建有两柱牌楼门和石几筵。

两柱牌楼门，为柱出头式牌坊，又称棂星门。其两石柱，截面作方形，顶部各雕蹲麒麟（两者相对），前后戗抱鼓石。柱间木构部分现为民国二十四年（1935）时仿景陵制增构。

两柱牌楼门后为石几筵，由石供案和五件雕刻精致的石供器组成。石供案，须弥座形制，其上下枋均浮雕串枝花卉，上下袅刻仰俯莲瓣，束腰部分刻椀花结带图案，四角雕刻玛瑙柱之形。案体规整大方，基本完好。案上五供器俱全，中间的石香炉，作三足鼎形，炉身和炉盖各用一整石雕成。炉身部分腹部圆浑，三足外侧各雕云纹饕餮，炉耳、炉沿则分雕回纹图案。炉盖，底径大小同炉沿，顶圆，下雕一周海水江牙图案，上雕云纹及一头部前探的盘龙。烛台，上部为烛盘，盘下雕仰莲瓣一周，再下雕云纹。烛台上部原安装有石雕蜡烛，民国初年尚存，后失散。花瓶，小口大腹，两耳各雕衔环。瓶上原有石雕花卉，民国初年尚存，后失散。

陵园的宝城建筑构成了平面上的"后圆"部分，其前部与第三进院落相接，形成一个整体。

宝城，明代文献中又作"宝山城"，因城内覆盖玄宫（墓室）的封土称为"宝山"而得名。从外观上看，它就像一个封闭的圆形城堡，城高7.3米，外侧雉堞（垛口）林立，内侧置宇墙，中为马道，宽1.9米，周长约1公里。宝城之内是埋葬帝后的玄宫（墓室）建筑，上面堆满封土，中央部分隆起，像一座小山陵，故称"宝山"。我国古代的陵冢，秦、汉以来，多作覆斗形状，其周围的陵墙平面也作方形，而明朝的帝陵自南京孝陵始，则创制为圆形的陵冢、外护以圆形宝城墙的制度。

宝城的前部，沿轴线方向建有方城和明楼。方城高12.95米，下设平面走向呈"T"字形的券洞。该券洞在《大明会典》中又作"灵寝门"，其实际作用相当于进出宝城的城门洞。券洞内原建有随墙式黄琉璃屏和前、左、右三道对开的门扇（黄琉璃屏和门扇均已不存），从琉璃屏前东西分驶，可出方城而达于宝城内。

方城之上，建有一座重檐歇山顶的明楼。在明朝及清初时明楼曾有前、后、左、右四面对称设置红券门，不仅楼体外檐斗拱系木结构，内部也都是木质的梁架结构，因此《帝陵图说》有"栋梁楠梗"的记载。但因多年失修，到了清朝中期，明十三陵的明楼"凡搁架木植者皆糟朽坍卸"，所以，乾隆五十年（1785）修缮各陵明楼时，管工的大臣们特向乾隆皇帝上奏"今若就其形势仍用木植修换，恐难持久"，并提出各陵明楼的修复应按照永、定二陵明楼的起券方式，"一律改发石券"。因此长陵明楼在该次修缮中改变了结构：首先，明楼内砌起了石券顶，楼顶因此变成了砖砌的实心顶结构；其次，左右两个红券门亦用砖封死。故现在只有前后券门通畅如故，而明楼的外观及形制基本如旧。其中，上下檐四面均各显三间，上檐饰单翘重昂七踩斗拱，下檐饰重昂五踩斗拱，斗拱后尾均砌于砖体内。明楼的上下两檐之间，在南面一侧有华带式木榜额，书"长陵"两金字，亦如明朝旧制。

楼内正中立有"圣号碑"。碑制为龙首方趺，篆额"大明"，下刻"成祖文皇帝之陵"七个径尺楷书大字。其中"成祖"是朱棣的庙号,"文"是朱棣的谥号（寓意"经纬天地"），文字旧时泥金，碑身用朱漆阑画云气，故又有"朱石碑"的俗称。

《明实录》记载，长陵的这座明楼和圣号碑为万历三十三年（1605）重新建立。这是因为朱棣死后，仁宗皇帝定其庙号为"太宗"。嘉靖十七年（1538），世宗对礼部大臣说："我国家之兴，始皇祖高皇帝（朱元璋）也，中定艰难，则我皇祖文皇帝也。二圣同创大业，功德并焉，宜称祖号。"遂改朱棣庙号为"成祖"。但当时明楼内圣号碑上已刻有"太宗文皇帝之陵"数字，世宗不忍琢伤旧号，命制木套刻新庙号嵌于碑上。当时有个武定侯名叫郭勋，上疏建议"尽砻旧字，更书之，可以垂永久"。世宗见疏很不高兴，命礼部及翰林院官复议。于是礼部顺承世宗的意愿上疏说："长陵碑，昭皇帝（仁宗）所建，千万年所当崇宝，皇上追念文皇帝功烈，尊称祖号，不忍琢伤，令今日之鸿号有加，先朝之旧题无改，圣见出寻常万万。"于是在旧碑上镶嵌了刻有新庙号的木套。万历三十二年（1604）五月二十三日夜，天降大雨，雷火烧毁了明楼和碑石，木石俱毁。大学士沈一贯遂上疏说：过去世宗改庙号而没有更立新碑，今雷神奋威，乃天意示更新之象。于是根据

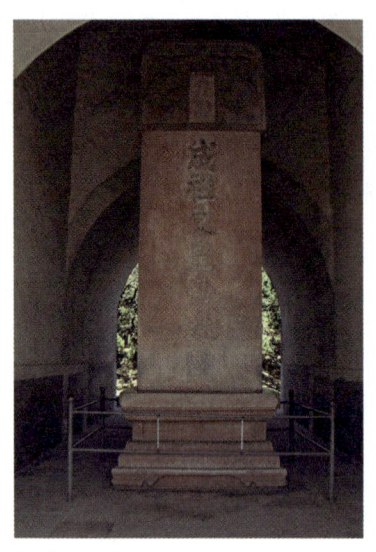

长陵圣号碑

钦天监所定日期，于次年兴工鼎建，重新建造了这座明楼和碑石。

在这前方后圆的陵宫范围之内，明朝时曾栽植有许多松树、柏树。现在成了古木参天，郁郁葱葱。自1955年陵宫作为北京的一处园林景点开放后，陵内又相继种植了各种花卉和灌木，使古老的帝陵建筑融入了现代公园的园林气氛。

附属建筑

陵宫之外，明朝时曾建有一些为陵园祭祀服务及陵园管理的附属建筑设施。

陵宫的左前方，曾建有祭陵时宰杀三牲（牛、羊、豕）的宰牲亭，亭内设有放血的血池。

陵宫的右前方，曾建有供帝后谒陵更换服装或临时休息的殿室——具服殿。该殿面阔五间，东向，周围筑有围墙。墙南有五座长方形的白石槽，名为"雀池"，内贮水供麻雀饮用。

宰牲亭东约0.5公里处曾建有守陵内官的居处——神宫监。长陵神宫监的建筑由"回"字形的监墙及监门（西向）、重门厅室等各式单体建筑组成。据隆庆《昌平州志》等书记载，明朝时每陵都设有守陵内官。其中包括掌印太监一员，佥书、管理、司香以及长随内使等若干员。他们的职责一是守护陵园，二是司香火、供洒扫、掌管陵园锁钥，三是对陵园的皇庄（香火地）、果园（或菜园）、榛厂、晾果厂、回料厂、神马房等进行管理。《帝陵图说》记载，明朝时，朝廷让各陵陵监能有"果园之利、榛厂之利、晾果厂之利、神马厂之利、回料厂之利",主要是考虑到"其资用之不给",以保障陵园管理的正常进行。但由于太监们大多为贪得无厌之徒,故上述诸项收入又往往充入太监们的私囊之中。

神宫监之左,曾建有祠祭署官的衙署——祠祭署。长陵祠祭署的建筑,前设署门,中为公座(办公用的厅堂),左右为小房。祠祭署,为明朝中央文职衙门之一——太常寺的派出机构,各陵均有设置。其所置官员有奉祀1名(从七品)、祀丞1名(从八品)、牺牲所吏目1名(从九品),其所辖还有供祀左司乐1名、右司乐3名、俳长4名、色长14名、教师16名以及陵户40名。祠祭署官常驻陵下,职责是负责陵寝祭祀的相关事宜和陵园物品的管理。

此外,陵园附近还曾建有供祭祀官员歇宿的朝房(又作斋宿房)。明朝时祭陵官员必须提前二日到昌平,次早至礼部所题定的陵园朝房歇宿,候夜半祭毕回州,第三日回京复命。陵园朝房正是根据陵祭需要而设置的。

昌平州城内西北、谯楼之后,还曾设有长陵卫的营房及衙署。陵卫为陵寝军事保卫组织,各陵均有设置,其衙署、营房均设于昌平城内。长陵卫,旧为南京羽林右卫,永乐二十二年(1424)改,领七千户所。长陵卫营房、衙署的建筑规模不见于文献记载。

上述附属建筑目前均已不存,除具服殿、宰牲亭和陵宫建筑覆以黄色琉璃瓦顶,其余建筑原制均为灰色布瓦形制。

献　陵

献陵位于天寿山西峰，即黄山寺一岭之下，是明朝第四位皇帝仁宗朱高炽和皇后张氏的合葬陵寝。

墓　主

仁宗昭皇帝朱高炽

仁宗昭皇帝朱高炽,成祖长子,洪武十一年(1378)七月初一日生于安徽凤阳。二十八年(1395)闰九月二十一日,册立为燕王世子。永乐二年(1404)四月初四日,立为皇太子。二十二年(1424)八月十五日即皇帝位,次年改元洪熙。洪熙元年(1425)五月十二日,逝于钦安殿,享年48岁。谥"敬天体道纯诚至德弘文钦武章圣达孝昭皇帝"。九月初六日葬献陵。

仁宗皇帝虽然在位时间很短,却是个较能体恤民情、处事宽和的帝王。

他任用贤臣,虚心纳谏。他曾先后赐吏部尚书蹇义、户部尚书夏元吉以及大学士杨士奇、杨荣、金幼孜等人刻有"绳愆纠缪"(意思是纠正过错)的银章,让他们同心协力,赞襄政务。凡朝廷处事失当,可写好奏章,密封后加盖此章转达皇上。

仁宗对百姓的疾苦也比较关心。通政使曾向仁宗提议,将四方雨泽奏章送给事中收贮。仁宗不同意,说:祖宗令天下奏雨泽,是想得知水旱情况,以便对受灾地区进行救济,奏章积压在通政司已经不对了,怎能再收贮到给事中那里呢?他还规定,受灾地区的官员如不为受灾百姓申请赈济就要治罪。有一次,他听说山东及淮徐一带遇灾,老百姓没有吃的,地方官却照常催征夏税,就召大学士杨士奇草诏,免去当年夏税及秋粮的一半。杨士奇提出先知会户、工两部,仁宗说:救民之穷,就像救人于水火之中一样,不能迟疑。如让户、工两部商议,他们顾虑国用不足,一定会议论不决。于是便赶快让太监拿来文房四宝,让杨士奇就地草诏,盖上玺印,付诸实行。

由于仁宗在位期间推行了较为开明的政策,《明史》评论他:"在位一载,用人行政,善不胜书。"又说如果他能多年在位,政绩可与汉代的文、景二帝相比。

仁宗去世后有五妃殉葬。按《明宣宗实录》记载分别是:贵妃郭氏,谥恭肃;淑妃王氏,谥贞惠;丽妃王氏,谥惠安;顺妃谭氏,谥恭僖;充妃黄氏,谥恭靖。其中贵妃郭氏身份颇为特殊,明沈德符《万历野获编》补遗卷一《宫闱》"仁庙殉葬诸妃"条记:"贵妃(指郭氏)所出有滕怀王、梁庄王、卫恭王三朱邸,在例不当殉。岂衔上恩,自裁以从天上耶!"

诚孝昭皇后张氏

诚孝昭皇后张氏,仁宗原配,河南永城人,指挥使赠彭城侯张麒之女。洪武二十八年(1395)封燕王世子妃,永乐二年(1404)封皇太子妃。仁宗即位,册立为皇后。宣宗即位,尊为皇太后。

英宗即位，尊为太皇太后。正统七年（1442）十月十八日去世，谥"诚孝恭肃明德弘仁顺天启圣昭皇后"，葬献陵。

文献记载，张皇后平时对内外政事、群臣才能及品行都格外留意。仁宗去世后，每遇军国大事，宣宗都禀明张氏后再作决定。张氏也常询问宣宗处理朝政的情况，并经常提醒宣宗注意体恤百姓疾苦。

宣宗死后，9岁的英宗朱祁镇继皇帝位。有的大臣认为皇帝年幼，请太皇太后垂帘听政，她却说："以我寡妇，坏祖宗家法，不可。"遂委政于仁、宣时杨士奇、杨荣、杨溥三位老臣，而自己从中主之。当时掌管司礼监的太监王振是个善于玩弄权术、擅作威福的家伙，他掌管皇城内一应礼仪，不仅替皇帝管理章奏文牍，有时还代皇上批答大臣的奏章，甚至皇帝的口述圣旨也由该监用朱笔记录，然后交内阁撰拟诏谕正式颁发。为了防止这些人欺蒙皇上、胡作非为，张皇后特别申令，无论什么事都要先由内阁大臣议定才能施行。她常派中官去司礼监检验，如果没有照她说的去做，就把王振叫来责问。

正统二年（1437）的一天，张氏御便殿，召英国公张辅及三杨、胡濙等五位大臣入内，女官各佩刀剑侍立左右，英宗站在东侧，五位大臣站在西侧。张氏对英宗说："这五位大臣都是先朝留下的忠正大臣，今后遇事一定要与他们商量才能去办。"过了一会儿，又派人把太监王振叫来，王振跪在地上，太后突然脸色一变，厉声喝道："你侍候皇上不循规矩，应当赐死！"女官们应声而起，将刀放在王振的脖子上，吓得王振浑身乱抖。这时英宗和五大臣都跪下为王振讲情，太后才饶了他。太后接着警告他说："你们这种人，自古多误人国，皇帝年幼，哪里知道！现在因为皇帝和大臣为你讲情，且饶过你这一次，今后再犯，一定治罪不饶。"

由于张氏在朝廷政务的处理上倚重忠实正派的大臣，协调君臣之间关系，限制内官对朝廷政事的干预。正统初年，王振虽得宠于英宗皇帝，却没有达到专权擅政的程度，再加上仁宗、宣宗朝旧臣的协力辅政，朝廷政局大体稳定。

地理环境与陵寝营建

献陵陵地系钦天监阴阳人陈俊文奉命卜选，其山川地理环境同样具备四面环山和水流抱合的特点。陵后的龙脉（玄武山）是天寿山西峰，即黄山寺一岭，这道来脉出身长远，大顿、小顿，形似连珠。陵园东面以长陵后山为龙砂（青龙），西面以庆陵后山为虎砂（白虎），南有龙砂蜿蜒环抱在前的"玉案山"为近案，形成紧凑的山峦布局，被古人视为至尊至贵的"内明堂"格局。陵园左右两侧的水沟在陵前右侧汇合后曲折南去，构成了"小水夹左右，大水横其前"的水流特征。

正因为献陵地理环境的紧凑小巧，所以修建献陵时，宝城、明楼与陵园的第一进院落分建于玉案山的前后。这样的经营设计不仅解决了献陵明堂地域面积小、建不下宝城和前面两进院落的问题,维护了"龙砂不可损伤"的风水信条,而且使陵园山重水复、殿台参差,形成了人文景观与自然景观和谐统一的美,使几何形体的陵园建筑在山、水、林木的映衬下更显得错落有致。

献陵的营建是在仁宗去世后才开始的。仁宗遗诏:"朕既临御日浅,恩泽未浃于民,不忍重劳,山陵制度务从俭约。"

宣宗朱瞻基即位后,遵照仁宗遗诏营建献陵,亲自确定了俭朴的陵园规制,并委派成山侯王通、工部尚书黄福总理修陵事宜。从洪熙元年(1425)七月兴工到八月玄宫落成,九月埋葬仁宗,仅用了不到三个月的时间。同时,地面建筑也陆续营建。八月,行在工部奉命营建门楼、享殿、左右庑配殿和神厨。正统七年(1442)十二月建造明楼,次年三月,陵寝建筑全部完工。

参加陵园营建的有南京守备襄城伯李隆统领的万名军士,南京海船厂附近江北府卫旗军工匠11万多人,以及河南、山东、山西、直隶、凤阳、大名等府州征调的民夫5万人。

陵寝建筑

献陵的陵寝制度虽继承长陵制度,前有神道前导,陵宫建筑明楼、宝城、享殿纵深布列,但建筑规模比长陵小且俭朴无华。

神道

献陵神道从长陵神道北五孔桥北分出，长约 1 公里。途中建有单孔石桥一座，路面为中铺城砖，两侧墁碎石为散水。没有单独设置石像生和碑亭，直到嘉靖十六年至二十一年（1537—1542）才建造了龙首龟趺无字的神功圣德碑和重檐歇山顶、四面各设券门的碑亭。清乾隆五十年至五十二年（1785—1787）修葺时，碑亭被拆除，于石碑四面建造了齐胸高的宇墙。至 2010 年，石桥、石碑保存基本完好，神道路面仅有小段保留。残存的路面为中间城砖铺墁的御路，包括牙子砖在内宽 1.5 米，两侧卵石铺墁的散水各宽 1.2 米。

陵宫第一进院落和第二进院落之间也有神道连接，并在路途中由南而北建有两座单孔石桥，第二进院落的三座门前则建有三座并列的单孔石桥。后来，三石栏遗失，桥身石条错位，且有坍塌，直到 1995 年归安并补齐。其中中桥宽 7.5 米，长 13.2 米；两侧

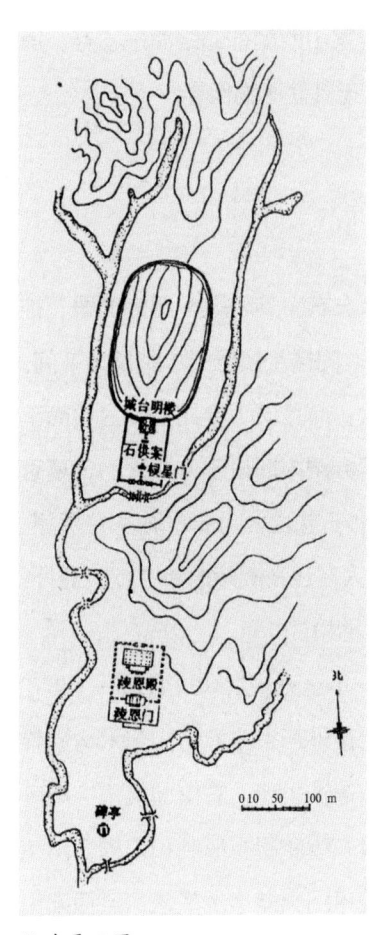

献陵平面图

桥各宽6.1米，长11.2米。桥前玉案山西侧神道路面已不存，道上的两座小石桥，除残迹石灰外，无其他遗物保存。

陵宫

献陵陵宫占地仅4.2万平方米左右。其陵殿、两庑配殿、神厨均各为5间，而且都是单檐建筑。门楼（祾恩门）则仅为3间。方城、明楼不仅不像长陵那样高大，而且城下券门也改为更简单的直通前后的形式。照壁则不设于券洞内而设于方城之后，墓冢之前。上登明楼的礓磜路则改为设于宝城之内的方城左右两侧。由于献陵陵制不追求奢华，所以前人在述及明陵时有"献陵最朴"之说，它为此后的明陵建筑树立了楷模。

献陵的陵寝建筑在清乾隆五十年至五十二年（1785—1787）间曾得到修缮。在该次修缮中，明楼外形未改，但内部木构梁架改成为条石券顶结构。方城下的甬道被封死，右侧增筑了一道可由方院上登宝城的礓磜路。祾恩殿未改变原有形制和规模，两庑配殿及神厨等附属建筑被拆除。祾恩门则缩小了间量，且顶部由歇山式改成了硬山式。后祾恩殿、祾恩门又相继在清末民初时被毁坏。日军侵华期间，为修炮楼取砖，第一进院落的围墙及祾恩门、祾恩殿的山墙又被拆毁。

因献陵明楼遭遇雷击，1994年至1995年，十三陵特区办事处对献陵明楼、宝城及宝城前院落陵墙和琉璃花门进行修葺。至2010年，献陵宝城、明楼及第二进院落陵墙经修缮保存较好，

献陵棂星门、明楼

院内石五供及棂星门的两座半截石柱均保存如旧。

　　玉案山前陵宫第一进院落的建筑，在苍松翠柏之下仍有遗址保存。其中祾恩殿陡板式石台基为一层，前出月台，三出陛，御路石雕为纵列五路"卍"字云纹，月台左右亦各设踏跺。台基上鼓镜式柱础石布列齐整，仍是明朝原有规制。柱网分布显面阔五间（通阔30.13米），进深三间（通深16.61米）。从现存石栏看，其望柱头不像长陵那样雕刻龙凤，而是较为简单的二十四气式形制。祾恩门遗址局

献陵石五供

部被土屯埋,据外露部分可知,清乾隆五十年至五十二年(1785—1787)修缮时,明朝时的祾恩门台基上未加改变,但台基上柱网分布由明朝时的面阔三间、进深二间,改为面阔、进深各为三间(通阔 13.15 米,通深 7.7 米),且面阔间量已缩小。祾恩门前原有大月台,与院落等宽,其前设礓磋路,遗存有左侧燕窝石一块。

附属建筑

陵宫外的附属建筑宰牲亭、神厨、祠祭署均毁于清代,已无遗物保存。但碑亭左排水沟间存有一单孔小石桥,系旧时为通往宰牲亭及神厨而设,桥身保存基本完好。神宫监位于今献陵村内,监墙原系河卵石垒砌,至 2010 年已基本无存。神马房位于陵监西北侧,仅存部分河卵石墙基。陵卫衙署、营房位于昌平城内谯楼之右,其朝房位置不详,均无遗迹保存。

景　陵

　　景陵位于长陵东天寿山东峰（又名黑山）之下，是明朝第五位皇帝宣宗章皇帝朱瞻基与皇后孙氏的合葬陵寝。

墓　主

宣宗章皇帝朱瞻基

宣宗章皇帝朱瞻基，仁宗长子，建文元年（1399）二月初三日生于燕王府。永乐九年（1411）十一月初十日，立为皇太孙。永乐二十二年（1424）仁宗即位，十月十一日，立为皇太子。洪熙元年（1425）六月十二日即皇帝位，次年改元宣德。宣德十年（1435）正月初三日，逝于乾清宫，享年37岁，谥"宪天崇道英明神圣钦文昭武宽仁纯孝章皇帝"，六月二十一日葬景陵。

宣宗在治国方面颇有成就。他继承了前代与民休息的政策，多次下诏开仓赈济受灾百姓，蠲免受灾地区的田赋。他亲撰《织妇词》赐给朝臣，命人画成图画悬挂宫内，使内外之臣了解农家的艰苦。

在宫廷生活中，他注意节俭，反对奢靡。即位不久，锦衣卫指挥钟法保，建议派人到广东东莞采珠。宣宗听了很生气，认为这是"扰民以求利"，将他关进监狱。工部尚书吴中奏称制造御用物料，需到民间采买。宣宗说："汉文帝服御帷帐无文绣，史称恭俭。朕饮食器用，当从简朴。"遂命从库藏物中取用，不再重新购买。

在用人行政上,宣宗亲贤臣,远佞倖。他重用仁宗朝的蹇义、夏元吉以及三杨等老臣;对不称职的官员,不论关系亲疏,一概斥而不用。如内阁大学士陈山、张瑛,系宣宗东宫(太子)旧臣,因不称职,宣宗把他们调出内阁。史称其时为"吏称其职,政得其平,纲纪修明,仓廪充羡",并把仁、宣两朝的统治合称为"仁宣致治"。

宣宗皇帝还是个能书善画、精于骑射的人。《万历野获编》记载,该书作者沈德符幼年时曾见过宣宗画的一个扇面,上画折枝花和竹石,题有宣宗御制诗:"湘浦烟霞交翠,剡溪花雨生香。扫却人间炎暑,招回天上清凉。"扇面画的渲染、设色直追宋人,书学颜真卿,而微带沈度姿态,是一件上乘的艺术佳品。宣宗青年时代,曾习武于方山,练就了娴熟的骑射技艺。宣德三年(1428),蒙古的兀良哈部骚扰会州。宣宗北巡,亲率3000精兵出喜峰口进击,在宽河与敌交锋。宣宗引弓搭箭,接连射倒敌人的三个前锋,两翼明军奋出追击,打得敌人溃不成军,望见宣宗的黄龙旟(一种旗子)就跪地请降。

宣宗去世后,有10妃殉葬。按《明英宗实录》卷三记,分别是:惠妃何氏,赠为贵妃,谥端静;赵氏为贤妃,谥纯静;吴氏为惠妃,谥贞顺;焦氏为淑妃,谥庄静;曹氏为敬妃,谥庄顺;徐氏为顺妃,谥贞惠;袁氏为丽妃,谥恭定;诸氏为恭妃,谥贞静;李氏为充妃,谥恭顺;何氏为成妃,谥肃僖。

孝恭章皇后孙氏

孝恭章皇后孙氏，山东邹平人，永城县主簿孙忠（封会昌伯，赠会昌侯）女。年幼时因容貌俊美，被诚孝皇后张氏的母亲彭城伯夫人看中，常常入宫说孙忠有个好女儿，遂被选入宫内，当时年仅10余岁，成祖命养在张氏宫中。后宣宗（当时为皇太孙）到了结婚年龄，济宁人胡氏被选为皇太孙妃，孙氏被选为嫔。宣宗即位，册封胡氏为皇后，孙氏为贵妃。

按照旧时的宫廷礼制，皇后被册封后赐金册宝（印），贵妃以下有册无宝。孙氏入宫后，极受宣宗宠爱，宣宗遂破格于宣德元年（1426）五月，向太后请示，制金宝赐予孙氏。此后，明代诸帝贵妃被册封，均册、宝俱备。

胡氏、孙氏，一皇后、一贵妃，虽受恩宠，却都没有生儿育女。孙贵妃暗地里将其他宫女所生的孩子（即英宗）据为己有，伪称是自己所生。胡氏身体不好，常常生病，渐被宣宗冷落。宣宗为立孙氏为后，命胡氏上表辞位，以早定国本（太子）。宣德三年（1428）三月，胡氏辞位，退居长安宫，赐号"静慈仙师"，贵妃孙氏被正式册立为皇后。

英宗即位后，孙氏被尊为皇太后。英宗在"土木之变"中被蒙古瓦剌部所俘，太后命郕王监国。景泰帝（郕王）即位，尊孙氏为上圣皇太后。英宗被囚，孙太后多次派人送御寒衣裘。英宗被放回，幽居南宫，太后常去看望。后来石亨等人发动的"夺门之变"，也是先秘密征得孙太后的同意才动手的。英宗复辟后，为孙氏上徽号"圣烈慈寿皇太后"。天顺六年（1462）九月初四日，孙太后去世，谥"孝恭懿宪慈仁庄烈齐天配圣章皇后"，合葬景陵。

地理环境与陵寝营建

景陵后面背倚天寿山东峰（黑山），但近陵的龙脉则来自于永陵背后的阳翠岭。陵园左侧的龙砂也是阳翠岭和它的余脉，右侧的虎砂是长陵后面的山和黑山延伸出来的山脉。陵园前方的朝山是西山口东面的山峰，距景陵约6.25公里。景陵右侧的水流来自于老君堂山沟和黑山之前的山沟，左侧的水流来自于阳翠岭西侧的山沟，经景陵神道桥西流与右侧水流汇合，经北五孔桥继续西流与灰岭口、贤庄口水流汇为一流，经七孔桥下流向东山口，形成陵园四面环山、左右和前方水流抱合的环境。

景陵的营建始自宣宗去世之后，英宗朱祁镇即位后随即派人赴天寿山陵区卜地。宣德十年（1435）正月十一日，陵寝营建动工。太监沐敬、丰城侯李贤、工部尚书吴中、侍郎蔡信等奉命督工。成国公朱勇、新建伯李玉、都督沈清及内府各衙门、锦衣卫等共发军民工匠10万人兴役。玄宫建成后，于六月二十一日葬宣宗。天顺七年（1463）三月十九日，陵寝地上建筑工毕，其营建断断续续持续了28年的时间。

陵寝建筑

景陵的陵寝建筑，初建时一遵献陵俭朴制度，因地域所限，占地亦较狭小。但嘉靖时期曾进行改建，陵寝建筑较献陵略显豪华。

神道

景陵神道从长陵神道北五孔桥南向东分出，长约1.5公里。初建时，途中仅建单孔石桥一座。嘉靖十六年至二十一年（1537—1542）增建与献陵相同的龙首龟趺无字

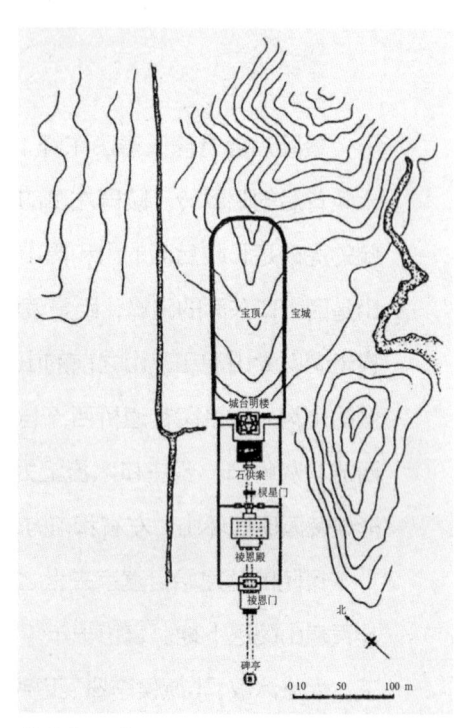

景陵平面图

的神功圣德碑和重檐歇山顶、四面各设券门的碑亭。清乾隆五十年至五十二年（1785—1787）修葺时，碑亭被拆除，于石碑四面建造齐胸高宇墙，情况亦同献陵。至2010年，石桥、石碑保存基本完好，神道路面仅有碑亭台基后面一段保留。其中单孔石

桥桥面砌石，左右各有青石罗汉栏板（无雕饰）。石碑式同献陵。神道路面中为城砖砌墁的御路，宽 1.7 米，左右散水系卵石铺砌，已残坏，不完整。

陵宫

景陵陵宫占地约 2.5 万平方米。宝城因地势修成平面前方后圆的修长形状，前面的二进方院和后面的宝城连成一体。中轴线上依次修建祾恩门、祾恩殿、三座门、棂星门、石供案、方城、明楼等建筑。

嘉靖十五年（1536）四月二十七日，明世宗朱厚熜亲阅长、献、景三陵，见景陵规制狭小，对从臣郭勋等说："景陵规制独小，又多损坏，其于我宣宗皇帝功德之大，殊为勿称。当重建宫殿，增崇基构，以隆追报。"根据《帝陵图说》记载，增崇基构后的景陵祾恩殿，系重檐式建筑。清康熙年间殿内的情况是："殿中柱交龙，栋梁雕刻，藻井花鬘，金碧丹漆，制如长陵。"殿中有暖阁三间，黼座（御座）地屏当时犹有存者。

清乾隆五十年至五十二年（1785—1787），清廷曾对陵园进行一次较大规模的修缮，明楼及城台的改动情况同献陵。为省工省料，祾恩门、祾恩殿均被缩小间量重建，祾恩门由单檐歇山式建筑改为硬山式建筑，祾恩殿由重檐式建筑改为单檐歇山顶式建筑，两庑配殿因残坏而拆除。

民国时期，清代改建后的祾恩门和祾恩殿又因年久失修而毁坏。明楼、棂星门以及陵墙、宝城墙则在1955年十三陵由河北通县专署划归北京市园林局后进行修缮，重瓦了明楼顶部屋面，补齐了木构件。

至2010年，景陵的宝城、明楼以及陵墙、石五供（丢失一花瓶）、棂星门、三座门均保存较好。祾恩门、祾恩殿的明代台基上仍保留有清代改建后遗留的柱础石。其中祾恩殿台基仍是嘉靖年间改建后的遗物，台基上遗存的明代檐柱、山柱及后抱厦柱础石鼓镜部分已被凿平。从柱础石分布可以看出，该殿原制面阔五间（31.34米），进深三间（16.9米），后有抱厦一间（面阔8.1米，进深4.03米）。月台前面的御路石雕刻二龙戏珠图案，左升龙，右降凤，飞翔于云海中，比献陵一色云纹显得更为精致壮观。台基上清乾隆五十年至五十二年（1785—1787）缩建后的殿宇柱础石保存完好。柱网分布显示，缩建后的殿宇，面阔仍为五间（通阔23.24米），进深三间（通深11.85米）。

祾恩门台基之上明代柱础石已不存，中部有乾隆时缩建的祾恩门的小台基。小台基上门砧石及鼓镜式柱础石均完好保存。柱网分布显示清乾隆时缩建的祾恩门面阔为三间（通阔

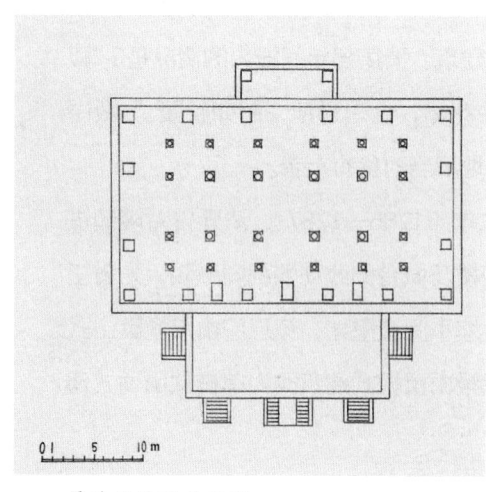

景陵祾恩殿平面图

景陵棱恩殿台基

13.1米），进深亦为三间（通深7.88米）。在明代所建台基的前后有乾隆时缩建的连三踏跺，也未有大的损坏。

门内第一进院落中，两配殿的基础部分已在清乾隆时被拆光，神帛炉仅存土衬石。根据土衬石范围，可知面宽为3.1米，进深为2.52米。

附属建筑

景陵的原有附属建筑，在棱恩门外左面建有宰牲亭，亭右建祠祭署，均背山而建，面朝老君堂来水。神宫监位于宰牲亭之南，

景陵神宫监门厅细部

面西而建。朝房位置不详，陵卫营房位于昌平城内谯楼之左。这些建筑除神宫监有残墙、监门、门厅保存外，均无遗物保存。神宫监残墙为河光石垒砌，已不完整。监门为西向，硬山顶五脊门形制，面宽为6.05米，进深为2.57米，门砧石系明代原物，门框系修葺时补配。门厅除顶部瓦饰在后来的修葺中于布瓦间掺有部分黄瓦，改变了原制，两山墙及木构部分均系明朝原物。其制面阔一间（4.8米），进深二间（4.85米），五檩架，采用彻上明造做法，其单步、双步梁以及各檩、枋，均绘有旋子彩画，檐椽、望板则油饰红漆，上槛安有门簪四枚。

裕 陵

　　裕陵位于天寿山西峰石门山南麓，是明朝第六位皇帝英宗睿皇帝朱祁镇和皇后钱氏、周氏的合葬陵寝。

墓　主

英宗睿皇帝朱祁镇

英宗睿皇帝朱祁镇，宣宗长子。宣德二年（1427）十一月十一日生，宣德三年（1428）二月初六日立为皇太子，宣德十年（1435）正月初十日即皇帝位，次年改元正统。

朱祁镇即位时年方9岁。由于太皇太后张氏贤明，注意约束内官，委政"三杨"老臣，开始几年还能一遵仁、宣旧制，政事犹蔚然可观。后来太皇太后因年老多病，对朝廷内外的事过问渐少；"三杨"中的杨荣于正统五年（1440）病故，杨士奇因儿子杨稷被言官所纠，坚卧不出，只有杨溥一人在阁，年老势孤，其余内阁大臣均资历较浅。于是司礼监太监王振倚恃英宗的宠信，渐渐地控制了朝政。

正统七年（1442）太皇太后张氏病故，杨士奇也于次年病死，王振更加肆无忌惮，遂把持了朝廷大权。正统十四年（1449）七月，蒙古的瓦剌部诱胁其他部落大举南犯，瓦剌太师也先亲自率兵攻打大同。紧急的边报纷纷飞到紫禁城，王振企图侥幸成功，劝英宗御驾亲征。兵部尚书邝埜、侍郎于谦等人力言"六师不宜轻出"，吏部尚书王直也率百官谏止，都不被采纳。

在王振的怂恿下，英宗于七月十六日率京营50余万人马，仓促出征。途中大臣们一再劝英宗返驾回京，王振还是不听，待他们知道了前方战败的惨状，英宗和王振才惊慌失措，决定班师回京。

大同总兵郭登提议大军从紫荆关直接退还京师，兵部尚书邝埜也上章："请疾驱入关，严兵为殿。"但是王振却根本不听，他下令大军往东南行进，打算经过蔚州再去紫荆关。蔚州是王振的老家，王振是想让英宗到他的家里，借以炫耀自己。而紫荆关在易州境内，如果是那样的话，英宗可以顺利驾返京师。可是大军行进了四十里后，他怕军队踩了家乡的庄稼，又下令改道由宣府退还。

到了宣府，也先的军队从背后袭击明军。恭顺侯吴克忠和他的弟弟吴克勤率兵抵御，双双战死，明朝的后军全部溃散。成国公朱勇、永顺伯薛绶率师四万驰援，在快到鹞儿岭时遇到埋伏，也全军覆没。

由于明军迂回奔走，到了八月十二日黎明，才达到距怀来城二十里的土木堡。大臣们建议大军入驻怀来城，王振却以辎重未至为由，下令扎营土木堡。土木堡没有水草，瓦剌军很快对那里形成包围之势。做饭、喂马都需要水，明军只好就地挖井，但是掘地二丈，却仍没有见到水。土木堡之南十五里处虽然有一条河，却被瓦剌军占领了，明军饥渴难耐。第二天，瓦剌军将土木堡团团围住，瓦剌太师也先诈称与明朝议和，假作退兵状。英宗、王振信以为真，下令移动营地。营伍在回旋之间，乱了阵脚，这时，瓦剌军以精锐的骑兵从四面冲击明军，大呼："解甲投刃者不杀。"一时间，横尸遍野，数十万明军全部被歼，英国公张辅以下50多名文武大臣阵亡。英宗率亲军突围，没有成功，他坐在地上，被瓦剌军俘虏。混战之中，护卫将军樊忠，愤怒地举起铁锤，将王振打死，史称这次事件为"土木之变"。

八月十七日，土木败报传到北京，文武百官聚于朝堂号啕大哭。皇太后孙氏下诏，立英宗的两岁儿子朱见深（当时名为见浚）为皇太子，命英宗异母弟郕王朱祁钰监国，总理朝政。九月，廷臣合辞呈请郕王即皇帝位，得到了皇太后的同意。出使瓦剌的都指挥岳谦回来，也口传英宗圣旨，命郕王"继统以奉祭祀"。郕王遂于九月初六日即皇帝位，遥尊英宗为太上皇帝，次年改元景泰。景泰皇帝在兵部尚书于谦等人的支持下，布置了北京的城防。在于谦的指挥下，军民同仇敌忾，打败了攻到北京城的瓦剌军，取得了北京保卫战的辉煌胜利。

也先原想以英宗为奇物，要挟明廷赔款，见明朝又立了新皇帝，便在景泰元年（1450）八月将英宗放回。英宗回到北京后，虽然名义上还是太上皇帝，实际上却被幽居南宫，时时都在被监视之中，根本不能预政。景泰帝还废太子朱见深为沂王，立己子见济为皇太子。不久，见济夭亡，景泰帝也在景泰七年（1456）十二月二十八日得了重病。武清侯石亨见景泰帝病危，就与都督张軏、左都御史杨善、太监曹吉祥、太常卿许彬及左副部御史徐有贞密谋迎立英宗。

景泰八年（1457）正月十六日，边关有警报，他们以增加皇城守备为名，带领家兵混同守御官军来到皇城。正巧第二天景泰帝也要临朝，大门开得很早，于是他们顺利地进入皇城，黎明到达了英宗所居的南宫。南宫门禁锢，打不开，徐有贞忙命众人手举大木猛撞宫门，又命勇士翻墙而入，与外面的人一起拆毁宫墙。墙坏门开，徐有贞等人扶英宗上辇，匆匆奔往皇宫。东华门的守卫拦阻，英宗说："我太上皇帝也！"遂夺门而入。进入奉天殿后，众人将御座居中放置，英宗登上御座，鸣钟击鼓，召见百官。大臣们正在奉天殿前等待景泰帝升朝，听到殿内一片喧哗，徐有贞突然走出殿外，对大臣们高声喊道："太上皇帝复位矣。"催百官入贺。英宗再次登上皇帝的宝座，史称这次宫变为"夺门之变"。

英宗复辟后，改景泰八年为天顺元年（1457）。废景泰帝为郕王，迁居西内。杀害抗击瓦剌有功的于谦，又用香木刻王振像，招魂以葬。

天顺八年（1464）正月十七日，英宗去世，谥"法天立道仁明诚敬昭文宪武至德广孝睿皇帝"。临终遗诏止殉，结束了宫人殉葬的残酷制度。五月，陵寝玄宫建成，八月，英宗葬裕陵。

孝庄睿皇后钱氏

孝庄睿皇后钱氏，英宗原配，海州（今属江苏连云港）人，都指挥佥事（后封安昌伯）钱贵女。正统七年（1442）立为皇后。正统十四年（1449），英宗被瓦剌部所俘，为迎英宗回朝，她把自己宫中的全部资财输出，每天悲哀地呼天号地，祈求神灵保佑英宗。她累了就就地而卧，以致伤残了一条腿，终日哭泣，哭瞎了一只眼睛。

宪宗即位后，尊她为皇太后，加"慈懿"徽号。成化四年（1468）六月二十六日，钱氏病故。谥"孝庄献穆弘惠显仁恭天钦圣睿皇后"。九月初四日葬裕陵。

孝肃皇后周氏

孝肃后周氏，宪宗生母，昌平州文宁里柳林村（今属北京海淀区）人，锦衣卫千户追封庆云侯赠宁国公周能女。正统十二年（1447）生宪宗皇帝，天顺元年（1457）册封为贵妃。宪宗即位，尊为皇太后。成化二十三年（1487）加尊号"圣慈仁寿"。孝宗即位后，尊为太皇太后。弘治十七年（1504）三月初一日去世，谥"孝肃贞顺康懿光烈辅天承圣太皇太后"。四月十八日葬裕陵。

地理环境与陵寝营建

裕陵背后的主山是石门山，这座山是天寿山西峰向南伸出来的山脉，其山势高峻，但脉络走向不十分清晰。陵园左侧的龙砂是庆陵、献陵、长陵陵后的山脉，陵园右侧的虎砂是茂陵两侧及后面的山脉。陵园前面的案山是陵前约1公里处的小山梁，朝山是陵区南面的卧虎山。陵园的水流来自宝城左右两侧，但左侧的河道比较明显，且河水经陵前三座石桥与右侧河道水流汇合后，南流与灰岭口、贤庄口的水流汇合。

裕陵始建于天顺八年（1464）二月二十九日，太监黄福、吴昱、抚宁伯朱永、工部尚书白圭、侍郎蒯祥、陆祥奉命督工，参加营建的军民工匠共达8万余人。

蒯祥和陆祥是明代初年两位技艺高超的匠师。

蒯祥，江苏吴县人，原为香山木工，后授职营缮所丞，官至工部左侍郎。他技艺超群，能主大营缮，"凡殿阁楼榭，以至回廊曲宇随手图之，无不中上意者。能以双手握笔画双龙，合之如一。每修缮持尺准度若不经意，既造成，不失厘毫。宪宗时，年八十余，犹执技供奉，上每以'蒯鲁班'呼之"，正统年间曾主持重建皇宫三大殿的工程。

陆祥，江苏无锡人，洪武初，朝廷鼎建宫殿，与兄陆贤应召入都。陆贤授官营缮所丞，陆祥授郑王府工副。郑王就藩后隶工部，以石工绝技升工部营缮所丞，擢工部主事进郎中，后官至侍郎。他"有巧思，尝用石方寸许，刻镂为方池以献，凡水中所有鱼龙荇藻之类皆备，曲尽其巧"。

在这些朝廷大员的督理下，裕陵工程进展很快，仅用两个月左右的时间，就把地下玄宫建成了。天顺八年（1464）五月初八日，奉英宗皇帝梓宫入葬。六月二十日，陵寝工程全部告竣。陵园从营建到完成，仅用了近四个月的时间。

陵寝建筑

裕陵的陵寝建筑制度取法献、景二陵。建筑布局取法景陵，而单体建筑取法献陵。

神道

裕陵神道从献陵碑亭之南向西分出达于裕陵陵门，长约1.5公里。途中建单孔石桥二座（一座位于献陵神宫监旁，一座位于庆陵陵前稍左处），近陵处嘉靖十六年至二十一年（1537—1542）增建神功圣德碑及碑亭情况同景陵，亭北建有并列单孔石桥三座。清乾隆五十年至五十二年（1785—1787）对裕陵进行修葺，碑亭被拆等情况同景陵。至2010年，神道五座石桥均有不同程度损坏，碑亭台基上石碑

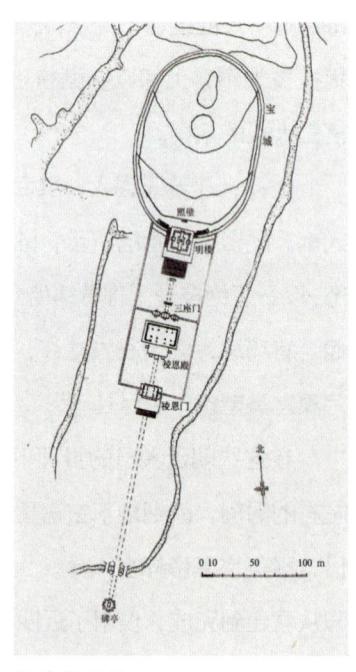

裕陵平面图

保存完好，但宇墙有局部倒塌。神道路面仅存近陵石桥后面至陵门一段，中间御路部分墁城砖，宽 1.6 米；两侧墁小块卵石，各宽 1.1 米。

陵宫

裕陵陵宫占地约 2.62 万平方米。其宝城、祾恩门、祾恩殿、左右配殿等制如献陵。院落布局系前后两进院落连接成一体，制同景陵。清乾隆五十年至五十二年（1785—1787）修缮建筑拆改情况同献陵。民国年间，因年久失修，屋顶瓦件残坏的祾恩殿逐渐塌毁，祾恩门则于民国六年（1917）被焚毁。

陵宫建筑在乾隆时修葺后一直未经大修，故残坏较严重。至 2010 年，其情况如下：

宝城，形制同献陵，垛墙、宇墙大多残坏。城台的垛墙、宇墙亦均残坏。城台下月台、砖墁礓磜路制均如景陵，且较完整。城台左右的转向石礓磜路及右陂的前出石礓磜路均已走闪。

明楼，台基与城台地面平，楼体形制同景陵，镶嵌在砖砌额枋，以及柱头、霸王拳之外的琉璃件稍有残坏。上顶檐头均已坠落，斗拱已有糟朽，榜额不存，瓦顶残坏过半。楼内圣号碑保存完好，除碑趺为二层下枋外，制同景陵。

宝城内的琉璃照壁残坏严重，仅存须弥座（下枋以下部分被残砖碎瓦所埋）及壁身的右半部分。壁身有绿黄两色的琉璃岔脚，壁心部分为黄琉璃砖垒砌。宝城前的方院，墙体完整，顶部黄琉

裕陵明楼斗拱及琉璃额枋

璃瓦多残。

第一进院落正门祾恩门，明朝时的台基仍然保存，但柱础石已不存。清乾隆时缩建的祾恩门，残存两山墙。山墙之内，柱础石鼓镜部分多因风化而残坏，仅门砧石保存稍好。柱网分布显示，乾隆时缩建的祾恩门，面阔为三间（通阔 13.28 米），进深三间（通深 7.75 米）。台基前后有乾隆时缩建的连三踏跺，处于院内踏跺的砚窝石上留有明代安放垂带石凿刻的石窝。据此可知，明代祾恩门面阔为三间，其通阔为 18.17 米。台基之前，明代所建月台亦保存，月台之前有砖墁礓磜路。

祾恩殿，台基、月台均较完整。台基上栏杆已坠落，其望柱、栏板式样同献陵。明代的柱础石均完好保存，计 24 块，均

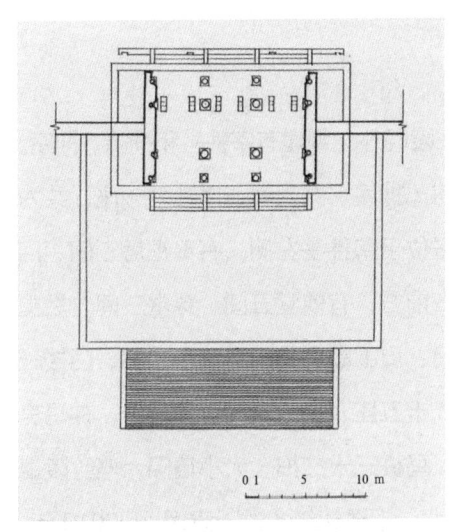

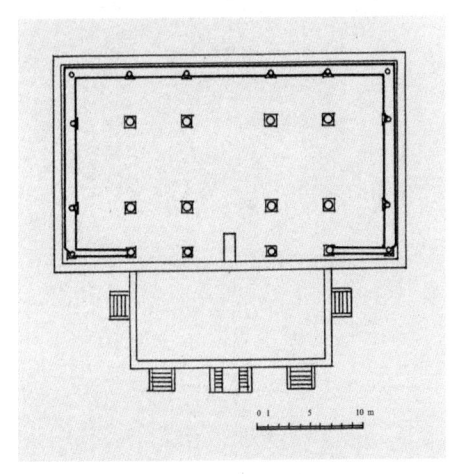

鼓镜形制，但各金柱柱础石的鼓镜中部，均凿有为固定柱榫设的圆形石窝。后檐墙及两山墙已不完整，多处出现坍塌。据柱网分布可知，该殿面阔五间（通阔30.2米），进深三间（通深16.3米）。

第二进院落的三座门，形制同景陵，除瓦件稍残、门扇不存外，保存基本完好。院内两柱牌楼门的石柱及前后抱鼓、门砧石、门限石均保存完好，柱间残存楠木大、小额枋，均已糟朽。石供案及供器，制同景陵，均较完好。此外，石供案的两侧及两柱牌楼门之前的左右两侧，还各残存树盂一个，盂身、盂座均为石制，盂身由两件对拼而成，其样式有腹，收项，平面呈方形。座亦呈方形，须弥座形制。各盂均倒塌在地，石件已不全。

裕陵棱恩门平面图

裕陵棱恩殿平面图

附属建筑

陵宫外的附属建筑，在陵门外左侧建有宰牲亭和神厨、神库。神厨为正房五间，左右厢房（神库）共六间，宰牲亭一座，共为一院，设墙门一座。祠祭署位于宰牲亭左侧，有奉祀房三间、门房三间。神宫监位于陵门右前方，有前堂五间、穿堂三间、后堂五间、左右厢房四座二十间、周围歇房并厨房八十六间、门楼一座、门房一间、大小墙门二十五座、小房八间、井一口。神马房有马房二十间、歇房九间、马桩三十二根、大小墙门六座。陵卫衙署、营房在昌平城新城东北。上述建筑多毁于清代，至2010年，仅神宫监存部分河光石垒砌的围墙及多次改建的监门，其余各建筑均无遗物保存。

茂　陵

茂陵位于裕陵右侧的聚宝山下，是明朝第八位皇帝宪宗纯皇帝朱见深和王氏、纪氏、邵氏三位皇后的合葬陵寝。

墓 主

宪宗纯皇帝朱见深

宪宗纯皇帝朱见深,初名见浚。英宗长子,正统十二年(1447)十一月初二日生,正统十四年(1449)八月二十二日立为皇太子。景泰三年(1452)五月初二日废为沂王。天顺元年(1457)三月初六日,复立为皇太子,改名见深。天顺八年(1464)正月二十二日,即皇帝位,次年改元成化。成化二十三年(1487)八月二十二日去世,年41岁。谥"继天凝道诚明仁敬崇文肃武宏德圣孝纯皇帝"。同年十二月十七日葬茂陵。

宪宗皇帝初即帝位,恢复景泰帝帝号,为于谦等景泰旧臣昭雪平反,做了一些顺应民意的事,但后来失政之处颇多。

首先是不太勤政。这位皇帝虽然在临朝宣读圣旨时能够朗朗上口,妙语连珠,但与人说话时却有些口吃。因为怕人笑话,所以他很少召见大臣商量国事。成化七年(1471)冬天,星象有变,大臣们纷纷借此机会说,这是因为君臣隔离、沟通不够,希望皇上经常召见大臣议政。宪宗因此召见了内阁大臣,但是君臣相见后,才说几句话,就因为有位名叫万安的阁臣见了皇帝后,只知道磕头、喊万岁，然后就要出去，所以宪宗从那以后，就再也不召见大臣了。

另外，宪宗对官员的任用随意性较大，做不到选贤任能。有这样一个例子，宪宗在常朝的时候，各衙门的官员要向皇帝上奏一些事情，如果可行的话，皇帝应该回答"是"。但是在成化十六、十七年时，宪宗的舌头出了点问题，这个"是"字就是说不出来。这时有位鸿胪寺卿名叫施纯的，告诉皇帝的近侍说，"是"字不好说，就说"照例"两字。宪宗觉得很好，非常高兴，问是谁出的主意，近侍告诉宪宗是施纯。宪宗竟然因为这件事，升施纯为礼部侍郎，不久又升他为尚书，加太子少保，成了正二品的大员。人们因此编出两句歌谣："两字得尚书，何用万言书！"成化中期以后，宪宗所任用的大学士万安、刘吉、刘珝都是平庸无为之辈，从来没有提出过建设性的意见，对朝政几乎无所匡补，所以当时流传有"纸糊三阁老""泥塑六尚书"的歌谣。

天顺八年（1464）二月，宪宗命中官传旨，用司礼监匠人姚旺为文思院副使。此后内批官员相继不绝，一次最多达上百名，其中仅文武僧道得官者就有上千名。此种官不经科举，也不由吏部铨选，而是由皇帝直接内批任命，史称"传奉官"。传奉官的出现，说明宪宗皇帝已把官爵视为自己手中的私物，由此助长了官场上营私舞弊和卖官鬻爵现象的蔓延。

天顺八年（1464）十月，宪宗又命把抄没太监曹吉祥的庄田收归皇宫，从此出现了"皇庄"。给事中齐庄上言："天子以四海为家，何必与民争利？"宪宗不听。于是上行下效，皇亲国戚、中贵豪强多指民地为闲田，请求赐给，请赐土地数额动辄成百上千，以至数千顷。由于大量民田被侵占，土地高度集中，阶级矛盾日趋激化。

为了加强专制统治，宪宗于成化十三年（1477）正月，又增设了"西厂"特务机构，命太监汪直提督。汪直奸诈阴险，作恶多端，他经常在京城内外易服私访，制造冤狱，残害正直的文武官员，以致时人"只知有汪太监，不知有天子"。在汪直的控制下，西厂迅速扩充，所领缇骑（军役）比东厂还多出一倍，势焰更在锦衣卫之上。当时西厂、东厂和锦衣卫以皇家侦探自居，交互为恶，势力所至，遍及南北边腹各地。上自亲王、大臣府第，下至乡间茅屋小店，他们随意诬陷栽赃，捕风捉影，重刑逼供，搞得朝野上下人人自危。于是大学士商辂等官员上章弹劾汪直，兵部尚书项忠也倡九卿奏汪直罪状，宪宗勉强同意解散西厂，但不久又恢复。厂、卫沟通，继续为非作歹，搞得京城内外一派恐怖气氛，商辂等数十名正直的大臣只好辞官回家。

宪宗在宫内一直钟情于比他年长17岁的贵妃万氏。按《明宪宗实录》记载，宪宗生于正统十二年（1447）十一月初二日，皇贵妃万氏生于宣德五年（1430），万氏年长宪宗17岁。万氏宠冠后宫，权倾内外，内官中的梁芳、韦兴等佞倖之臣，为取得宪宗信任，费尽心机讨万氏欢心。他们以贡献为名，苛敛民财，任意挥霍内库银两。

宪宗一生对佛道之说极其推崇。僧人道士投其所好，飞黄腾达，官运亨通。宪宗一朝，被封为法王、大智慧佛、西天佛子、大国师、国师、禅师的西番僧人更是不可胜计。他们执有宪宗所赐的诏命和金印，服饰器用均按王的等级配给，出入乘棕舆，前有军卫手执金吾开道，随从人员多达数千人。此外京师之下，还有很多被封为真人、高士的道人，真人被赐有玉冠、玉带、玉珪、银章，享有极高的待遇。终宪宗之世，正直的官员不见信任，而佞幸之臣、佛道方士却是恩宠有加，朝政日趋腐败昏暗。

孝贞纯皇后王氏

孝贞纯皇后王氏，上元（今江苏南京）人，中军都督追赠阜国公王镇女，为宪宗皇帝第二位皇后。宪宗的第一位皇后是吴氏，吴氏"聪敏知书，巧能鼓琴"，天顺八年（1464）七月二十一日立为皇后，但刚过了不到一个月，就被废掉了。孝宗时王氏被尊为皇太后，武宗时尊为太皇太后，正德五年（1510）上尊号"慈圣康寿太皇太后"。武宗好出宫游玩，王氏常涕泣相劝。她在宫内待人仁和，从不误罚一人。正德十三年（1518）二月初十日，王氏去世，谥"孝贞庄懿恭靖仁慈钦天辅圣纯皇后"。六月十六日葬茂陵。

孝穆皇后纪氏

孝穆皇后纪氏，孝宗生母，广西贺县人，是当地少数民族土官的女儿，成化时被俘入宫中。因她机警通文，被授为女史，管理皇家典籍。一次宪宗偶然来到内藏，见纪氏对答合意，就在内藏私幸了她，纪氏从此有了身孕。

当时已被封为贵妃的万氏，因为自己所生的儿子不满周岁即夭折，遂对其他宫妃生子怀忌恨之心，宫妃中凡有孕的，都想方设法让她们饮药堕胎。柏贤妃生有一子，已立为太子，最终被万氏害死。纪氏怀孕自然不会被万氏放过，万氏曾指使宫婢暗中下药，想使纪氏堕胎，但没有成功。后来宫婢撒谎说纪氏不是怀孕，是腹内长了痞积（痞块），被安置在安乐堂养病，数月之后生下孝宗皇帝。纪氏害怕被万贵妃得知后受到迫害，遂密令门监张敏将孝宗抱出淹死，张敏暗自吃惊："上未有子，奈何弃之？"遂发一丝善念，又将孝宗抱回安乐堂，每天喂些粥糊。到了成化十一年（1475），孝宗年已6岁，胎发还没有剃过。有一天宪宗召张敏梳理头发。宪宗对镜叹息说："胡子都这么长了，还没有儿子。"张敏跪下说："死罪，万岁已经有儿子了。"宪宗惊愕地问："儿子在哪里？"张敏说："奴言即死，万岁当为皇子主。"太监怀恩也说："敏言是，皇子潜养西内，今已六岁矣，匿不敢闻。"宪宗大喜，即日亲去西内迎接自己的儿子。使者来到安乐堂，纪氏抱着孝宗哭着说："儿去，吾不得生，儿见黄袍有须者，即儿父也。"使者给孝宗穿上小红袍，拥至阶下。孝宗胎发长垂至地，跑着投入宪宗怀抱。宪宗把他抱到膝盖上，看了又看，悲喜交集，哭着说："我子也，类我。"命太监怀恩到内阁说明原委。第二天群臣入贺，并颁诏天下，移纪氏于永寿宫，万贵妃得知后日夜怨泣。六月二十八日，纪氏突然死去，张敏也吞金而死。

纪氏死后,被谥为"恭恪庄僖淑妃"葬京西金山。孝宗即位后,追谥为"孝穆慈慧恭恪庄僖崇天承圣皇太后",迁葬茂陵。

孝惠皇后邵氏

孝惠皇后邵氏,是世宗的父亲朱祐杬的生母,浙江昌化(今属浙江杭州)人。邵氏小时候就能诵读唐诗几千首,长大后,不仅知书达理,人也漂亮,所以被送进了皇宫。邵氏自进宫后,一连几年都没有见过宪宗。有一天晚上,皓月当空,邵氏对月忽生伤感,便吟诵起自己写的《红叶诗》:

宫漏沈沈滴绛河,绣鞋无奈怯春罗。
曾将旧恨题红叶,惹得新愁上翠蛾。
雨过玉阶秋气冷,风摇金锁夜声多。
几年不见君王面,咫尺蓬莱奈若何?

恰巧这时宪宗从这里经过,听到邵氏吟诵的诗,觉得不同寻常。邵氏因此也得到了宪宗的雨露之恩。后来她生下了兴王、岐王和雍王三个皇子,成化十二年(1476)册封为宸妃,成化二十三年(1487)晋封为贵妃。世宗当皇帝时,她因为眼病,已经什么都看不见了,但是听说自己的孙子当了皇上,还是非常高兴。她把世宗拉到身前,从头摸到脚。世宗尊她为皇太后,上尊号为"寿安"。嘉靖元年(1522)十一月邵氏去世,谥"孝惠康肃温仁懿顺协天佑圣皇太后"。

在确定邵氏葬地时，大臣们都说橡子岭（又名祥子岭，在今定陵稍北）地形高敞，可以卜葬。而世宗则主张在茂陵左右附近的地方卜建山陵。经再三考虑，才于嘉靖二年（1523）二月二十五日葬邵氏于茂陵。

地理环境与陵寝营建

茂陵陵址是礼部右侍郎倪岳及钦天监监正李华等人卜定的。其背后的龙脉名为聚宝山，又简称宝山，这座山从天寿山西峰延伸而来，山脉的走势呈"个"状，中间那条脉络的终端有一个隆起的小山包，茂陵就坐落在这个小山包前。其左右各有一条脉络从主峰向前延伸而来，形成陵园左右两侧的龙砂和虎砂。陵园前面的朝山是大红门西侧的卧虎山，是距离陵园较远的山峦。陵园前面有来自灰岭口、贤庄口的水流，陵园两侧有左右山沟的水流，构成合抱的水流形态。

茂陵的陵名定于成化二十三年（1487）九月十五日。同日嗣皇帝孝宗朱祐樘下旨建陵。内官监太监黄顺、御马监太监李良、太傅兼太子太师保国公朱永、工部左侍郎陈政奉命提督军士工匠营造。九月十九日，山陵启土动工，所役京营军匠达4万之众。十二月十七日，葬宪宗及孝穆太后。弘治元年（1488）四月二十四日，茂陵陵寝工程竣工，共用了七个多月的时间。

陵寝建筑

陵寝制度大体如裕陵,但宝城内琉璃照壁后面设有左右两个方向的踏跺,可上登宝山,又与裕陵及其他各陵均不相同。

神道

茂陵神道从裕陵碑亭前向西分出,至茂陵陵门长1.8公里。途中建单孔石桥一座,近陵处有嘉靖十六年至二十一年(1537—1542)增建的神功圣德碑及碑亭一座。乾隆五十年至五十二年(1785—1787)对碑亭的拆改情况同裕陵。

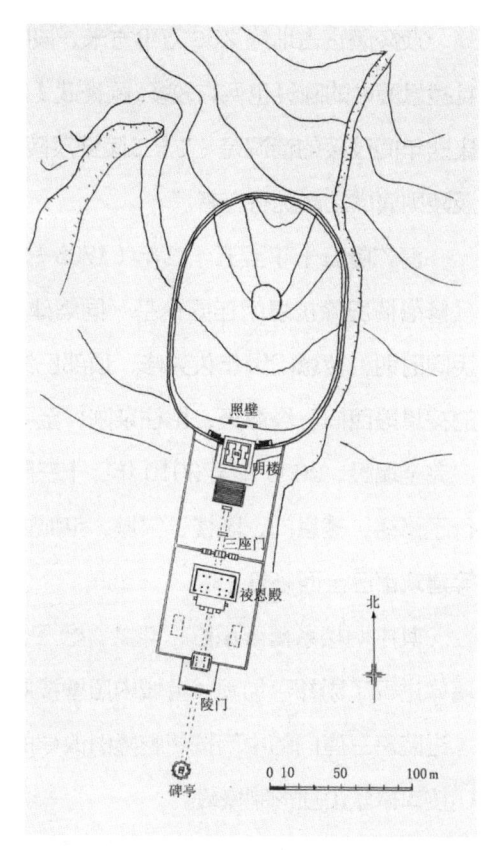

茂陵平面图

至 2010 年，石碑保存完好，神道石桥被加宽作为公路桥梁情况如旧。陵前神道两侧有明代建陵时所植柏树，左右各三行。这六行柏树，中间两行行距为 15.5 米，两侧行距为 13 米，再侧为 12 米，每行株距为 6.5 米。

陵宫

茂陵陵宫占地约 2.56 万平方米。该陵在清初时保存尚好，而且祾恩殿内的陈设也保存较多，顾炎武《昌平山水记》记载，顺治、康熙年间茂陵的情况是："十二陵惟茂陵独完，他陵或仅存御榻，茂陵则簠簋之属犹有存者。"

清乾隆五十年至五十二年（1785—1787）茂陵曾得到修缮。其修缮情况除祾恩门连同台基一同缩建外，其余建筑均同裕陵。民国时期，祾恩门因年久失修，顶部已经全部落塌，单檐歇山顶的祾恩殿西间已经露天，柁柱杂陈，至中华人民共和国成立前夕已完全塌毁。2009 年至 2010 年，十三陵特区对陵园残坏建筑进行了修缮，祾恩门、明楼、宝城、宝城内照壁以及三座门、陵墙等建筑都已全面修复。

其中明楼系落架重修，斗拱、椽飞、瓦件等补配齐全。宝城墙体进行了剔补、加固，宝城内照壁按原制补齐了琉璃构件。第二进院落三座门的中门按清乾隆时改建的单檐庑殿顶修复，两侧门按单檐歇山顶形制恢复。

祾恩门修缮前，其明代遗物中仅有门前的月台和院内左右

茂陵棱恩门平面图

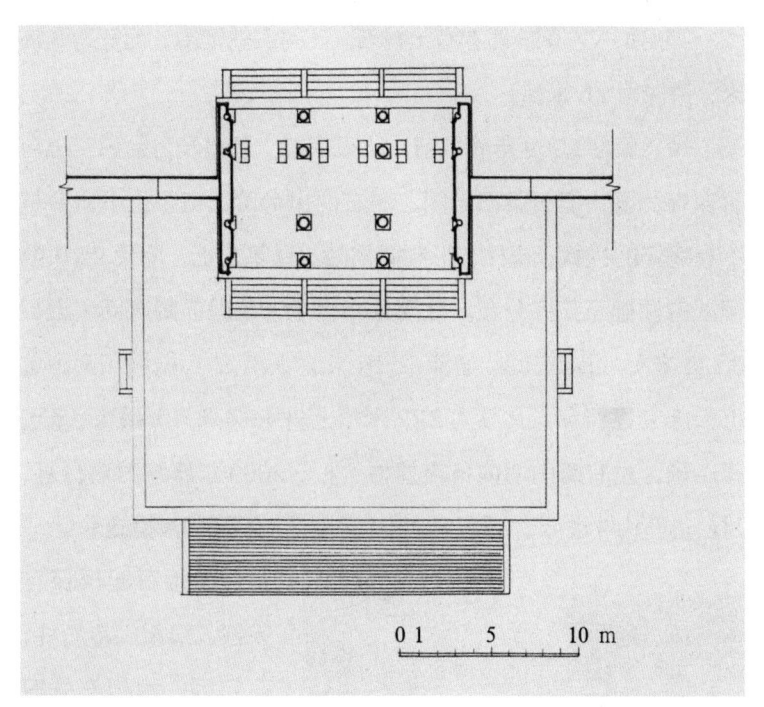

两侧埋在地中微露地面的原有台基的土衬石保存。乾隆五十年至五十二年（1785—1787）改建后的门楼存有台基及业已残坏的山墙，台基上16块鼓镜式柱础石及六块门砧石均保存完好。柱网分布显示，乾隆时缩建的棱恩门面阔为三间（通阔13.05米），进深三间（通深7.75米）。台基前后的连三踏跺及台基前的月台条石均略有走闪。2009年修缮时，按清代遗迹复建了硬山顶式的陵门。

院内配殿仅右配殿存有部分土衬石。土衬石的范围，面宽约20.6米，进深约9米。

神帛炉仅左侧一座存有土衬石。土衬石的范围,面宽为 3.15 米,进深为 2.5 米。

裬恩殿在 2009 年修缮前,该殿台基、月台及月台前三出台阶保存尚好,但石条已走闪。左右两出台阶,屯于土下。台基下有残坏的栏板、望柱,形制同裕陵。台基之上,明代 24 块鼓镜式的柱础石整齐分布。柱网分布显示,该殿面阔五间(通阔 30.24 米),进深三间(通深 16.16 米)。殿宇的后檐墙和两山墙仍大部完好保存,其高为 2.72 米(上身 1.62 米,下碱 1.1 米)、厚 1 米,左右两山墙内各存檐柱一根。2009 年修缮时对台基、月台的石构件进行了归安,对墙体采取了加固和防渗措施。

茂陵石五供保存完好。棂星门存石柱、石门限,木构部分已残坏无存。

茂陵地下玄宫的情况,未经发掘,详情不明。但据王谦身、周文虎等《微重力方法在考古工程中的应用——明茂陵地下陵殿探查》一文介绍,中国科学院地球物理研究所曾经对茂陵的地

茂陵裬恩殿御路石雕

茂陵棂星门

下玄宫采用微重力测量方法进行探测。探测的结果证明，茂陵的地下玄宫和定陵一样，也是由前、中、后、左、右五殿组成的。

附属建筑

茂陵陵宫外的附属建筑的设置情况同裕陵。至 2010 年，仅有神宫监和神马房有部分遗存。神宫监的监内明代建筑毁于清代，监墙门楼毁于"文化大革命"时期，墙体基本完整，全为河光石垒砌，高 2.8 米，厚 1.2 米。神马房残存部分石墙，其余建筑均不存。

泰 陵

泰陵位于笔架山东南麓,这里又称"施家台"或"史家山",是明朝第九位皇帝孝宗敬皇帝朱祐樘及孝康敬皇后张氏的合葬陵寝。

墓 主

孝宗敬皇帝朱祐樘

孝宗敬皇帝朱祐樘，宪宗第三子，成化六年（1470）七月初三日生，成化十一年（1475）十一月初八日立为皇太子，成化二十三年（1487）九月初六日即皇帝位，次年改元弘治。弘治十八年（1505）五月初七日逝于乾清宫，享年36岁，谥"达天明道纯诚中正圣文神武至仁大德敬皇帝"。十月十九日葬泰陵。

孝宗是明代中叶唯一较为励精图治的贤君。他即位后，首先裁抑宦官及佞幸之臣，太监梁芳、外戚万喜及其党羽均被治罪。又淘汰传奉官2000余人，罢遣禅师、真人等240余人，佛子、国师等780余人被追回诰敕印仗，遣归本土。他还调整内阁班底，罢免了不学无术、依附权要的阁臣万安、尹直等人。

孝宗在位期间，勤于理政，选用贤臣，他先后重用的内阁大学士刘健、谢迁、李东阳以及吏部尚书王恕、先任兵部尚书后任吏部尚书的马文升和兵部尚书刘大夏等都是当时的名臣。所以清朝所修的《明史》称弘治时期"朝多君子"，朝廷政治出现了一个比较稳定的时期，人们称之为"弘治中兴"。历史上，人们对孝宗的评价也非常高。例如《明史》就说:"明有天下,传世十六,太祖、成祖而外,可称者仁宗、宣宗、孝宗而已。"明朝时的一些人甚至认为,即使是汉文帝、宋仁宗这样的历史上的明君也不过如此而已。

孝宗常常召阁臣至文华殿,让大家共议大臣的章奏,写出批词后,自己再批改颁发。弘治十三年(1500),大学士刘健上奏说,晚朝散归后天色已黑,各处送来的文件往往积压内阁,来不及处理,如有四方灾情,各边报警等事务,就有耽搁的可能。于是孝宗特定除早、晚朝外,每日两次在平台召见有关大臣议事,从此出现了"平台召见"这一新的朝参方式。

孝宗对大臣的关心和敬重也超过了明代其他帝王。例如,有一位日讲官叫张元桢,很有学问。据说他七岁就能写文章,被人称为神童。他讲话的声音特别响亮,很有穿透力,但是长得其貌不扬,个子也很矮,还不足四尺高。但孝宗并不因此而怠慢他,反而对他更为尊重。按照当时的规矩,每逢进讲日,文华殿内除了要设皇帝的御座外,还要设置日讲官的书案。为了让张元桢讲课方便,孝宗特意命人在殿内为他专门设置了低矮的桌案。

有一年冬天,孝宗夜晚坐在宫内,觉得天气寒冷,就问左右内臣:"现在官员有外出办事在回家路途的吗?"左右回答说有。他又说:"如此凛冽且昏黑,倘廉贫之吏,归途无灯火为导,奈何?"遂传下圣旨,命令后遇在京官员夜还,不论职位高低,一律令铺军执灯传送。这些事虽不算大,但作为一个封建皇帝能如此曲体臣下,也确属不易了。

孝宗在生活上也能注意节俭，不近声色。弘治元年（1488），出使明朝的朝鲜使臣卢思慎曾对朝鲜的国王说："先皇帝（宪宗）或于用人，间以私意，今皇帝（孝宗）则铨注登庸一出于正，又性不喜宝玩之物，虽风雪不废朝会，临群臣皆以丧服（居丧期间），惟祀天祭用黄袍，臣等慰宴时不奏乐，不设杂戏，劝花置于床上而不簪，大抵先皇帝弊政一切更张矣。"宪宗生前爱穿用松江府所造大红细布裁制的衣裳，每年要向那里加派上千匹，而这种织品用工浩繁，名虽为布，实际却用细绒织成。孝宗当时还是太子，内侍给他送来新裁制的衣服，他认为用这种布缝制的衣服抵得上几件锦缎衣服，遂谢而不用。他当了皇帝后，遂下令停止为皇宫织造此布。

由于孝宗一朝采取了一些发展经济、挽救危机的治国措施，缓和了社会矛盾，出现了一个较为稳定的时期，史称其时为"弘治中兴"。

孝康敬皇后张氏

孝康敬皇后张氏，孝宗原配，兴济（今河北青县东南）人，都督同知封寿宁侯赠昌国公张峦女。成化二十三年（1487）选为太子妃。孝宗即位册立为皇后。武宗立，尊为皇太后。正德五年（1510），上尊号"慈寿皇太后"。世宗入继大统，称"圣母"，加尊号"昭圣慈寿"。嘉靖三年（1524）加"昭圣康惠慈寿"，改称"伯母"，十五年（1536）复加上"昭圣恭安康惠慈寿"。二十年

（1541）八月初八日去世，谥"孝康端肃庄慈哲懿翊天赞圣敬皇后"。十月初九日葬泰陵。

地理环境与陵寝营建

泰陵后的笔架山层峦叠嶂，气势巍峨，稍远处山峰横列成岭，近陵处为一座圆形的小山包。陵园左侧龙砂有陵后龙脉延伸出来的山脉和茂陵后的聚宝山，陵右虎砂有陵后龙脉延伸出来的山脉和祥子岭等山脉。陵园前面的朝山是仙人洞村后的蒋山和村东的汗包山。陵园左侧的水流来自灰岭口和贤庄口，右侧水流来自锥石口和金岭的山沟，陵园两侧水流在茂陵右前方交汇后，向七孔桥方向流去。

泰陵陵址系孝宗去世后，礼部左侍郎李杰、钦天监监副倪谦和司礼监太监戴义奉命选得，再经太监扶安、李兴、覃观及礼部右侍郎王华、少卿吴昊等奉命勘察，最后由给事中许天锡推举一名通晓地理之人，随同王华察看后，确定在此处营建孝宗陵寝。弘治十八年（1505）六月初五日，陵园营建动工，并定陵名为泰陵。太监李兴、新宁伯谭祐、工部左侍郎李鐩提督工程，五军都督府及三大营官军上万人供役，历时四月，玄宫落成，于该年十月十九日午刻将孝宗葬入陵内。正德元年（1506）三月二十二日，陵园的地面建筑也全部告成。泰陵营建过程中，在开挖金井（玄宫安放棺椁的中心位置）时，曾一度出现金井涌出泉水的情况，在朝廷内部引发是否改换陵地的争论，但最终还是在原地修建了陵园。

陵寝建筑

泰陵的陵寝建筑规制仿自茂陵，但宝城内照壁的设置及不设上登宝山的踏跺式台阶则与裕陵相同。

神道

泰陵神道从茂陵碑亭前向西分出，至泰陵陵门长约1公里。途中有五孔桥一座，近陵处建神功圣德碑亭一座（嘉靖十六年至二十一年增建），亭后建有并列单孔桥三座。清乾隆五十年至五十二年（1785—1787）对碑亭拆改情况如裕、

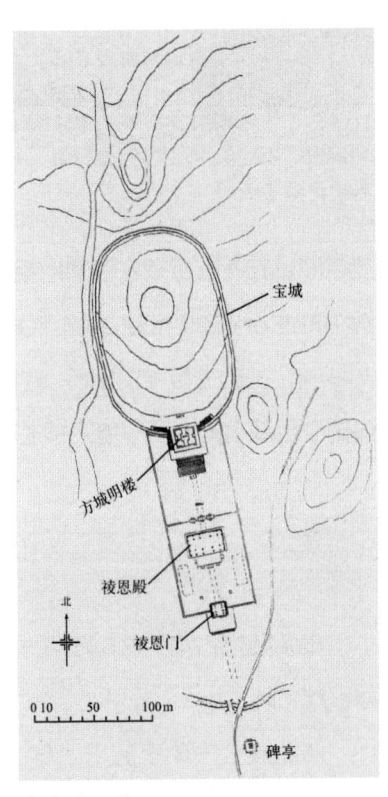

泰陵平面图

泰陵神功圣德碑

茂等陵。五孔石桥早在民国时期已经毁坏无存。陵前并列三座石桥中的左桥在 20 世纪 60 年代修建昌赤路时改建为公路桥。至 2010 年，并列三桥中的中桥、右桥以及石碑和碑亭台基保存完好，但碑亭台基上的四面宇墙及神道路面铺砌物已不存。

陵宫

泰陵陵宫占地约 2.6 万平方米，明朝时的建筑布局及规模同裕、茂二陵。

清乾隆五十年至五十二年（1785—1787）修缮拆改情况除三座门由琉璃花门改建成砖砌冰盘檐式门楼外，余同茂陵。后因年久失修，陵寝建筑残坏严重，时至民国二十四年（1935），陵门、祾恩殿木构架已经全部坍落，遍地瓦砾。

2006年至2007年，十三陵特区办事处对泰陵进行修缮，明楼落架重修，补齐斗拱、椽飞等木构件及瓦件，修复了宝城内的琉璃照壁，剔补修缮了宝城墙的残坏之处，补砌了倒塌的陵墙，三座门、祾恩殿、祾恩门均进行了加固处理。其中三座门的门垛犹存，上部残存清乾隆时改建的砖冰盘檐檐头。祾恩殿台基、月台保存完整，形制同茂陵，台基上左右山墙、后檐墙残坏较严重，其中墙高为3.52米，厚0.9米，修缮中进行了原状保护。鼓镜式柱础石布列整齐，柱网分布显示，该殿面阔五间（通阔30.24米），进深三间（通深16.21米）。祾恩门状况同茂陵，清代缩建的台基上有两面山墙残毁严重，柱础石布列整齐。柱网分布显示，该门面阔为三间（通阔13.05米），进深三间（通深7.83米）。台基前存明代月台，月台前存砖砌疆磋，修缮中对残坏之处进行了修补。

附属建筑

泰陵的宰牲亭、神厨、神库、祠祭署、神宫监、朝房、神马房等附属建筑设置情况同茂陵，这些建筑多毁于清代。至2010年，神宫监保存有河光石垒砌的监墙和硬山顶式的监门，监门内有明代的上下马石，监门外有明代栽植的老槐树。神马房在神宫监东南面，有部分残墙保存。

康 陵

康陵位于金岭（又名莲花山或八宝莲花山）东麓，是明朝第十位皇帝武宗毅皇帝朱厚照和孝静毅皇后夏氏的合葬陵寝。

墓 主

武宗毅皇帝朱厚照

武宗毅皇帝朱厚照，孝宗长子，弘治四年（1491）九月二十四日生，弘治五年（1492）三月初八日立为皇太子。弘治十八年（1505）五月十八日即皇帝位，次年，改元正德。正德十六年（1521）三月十四日逝于豹房，谥"承天达道英肃睿哲昭德显功弘文思孝毅皇帝"。九月二十二日葬康陵。

武宗在位期间，不修朝政，荒淫失德，出现了太监、佞倖擅权的情况。

武宗15岁即位，从小养成贪图玩乐的坏习惯。孝宗临终时特召大学士刘健、谢迁、李东阳至乾清宫托以后事。又握着刘健的手说："东宫（皇太子）年幼好逸乐，卿等当教之读书，辅导成德。"但武宗并不听这些顾命大臣的意见。他喜欢的是在东宫时陪伴他玩的几名太监，为首的名叫刘瑾，另外还有马永成、谷大用、魏彬、张永、邱聚、高凤、罗祥等七人，时称"八党"，又称"八虎"。武宗在他们的引诱下，每天游玩，不理朝政。大学士刘健等人上章谏劝，武宗只是温诏相答，并不采纳，"八虎"则迎合帝意，进鹰、犬、歌伎、角骶之类供武宗玩乐。

于是户部尚书韩文会同百官伏阙上疏，揭发"八虎"罪行。武宗却仍听信"八虎"的胡言，反而下令将支持韩文的司礼监太监王岳贬到南京充军，司礼监由刘瑾掌管，马永成、谷大用分掌东西二厂，各居要职，刘健、谢迁等人被迫辞官回家。不久韩文被刘瑾以伪银输入内库为借口降一级致仕，其他反对过刘瑾的大臣也先后被杖责下狱或罢官回家。王岳在押往南京途中，被刘瑾派人杀害。从此朝事无论大小，都由刘瑾一人专断，不再请示武宗。刘瑾的暴行激起朝野反对，最终因谋反罪被处以磔刑。

刘瑾被除后，武宗又宠幸钱宁、江彬两个佞幸之臣。他除了在京城豹房淫乐外，还在佞臣的诱导下，离京到宣府、大同等地游乐。

正德十四年（1519）八月，武宗借口平定叛乱亲率大军南下，借机到江南游玩。在江南玩乐一年后，班师回京。在回京路上的清江浦（今江苏清江市附近）积水池中，武宗驾小船捕鱼，不慎船翻落水，救出不久即病死。

孝静毅皇后夏氏

孝静毅皇后夏氏，武宗原配，上元（今江苏南京）人，庆阳伯夏儒女。正德元年（1506）册立为皇后。嘉靖元年（1522）被尊为"庄肃皇后"。嘉靖十四年（1535）正月二十五日去世，与武宗合葬康陵。在丧期间，世宗皇帝以"嫂叔（夏氏为世宗堂嫂）

无服且两宫（指孝宗张皇后和世宗生母和章圣皇太后）在上"为由，拒不为夏氏服丧。上谥时，大学士张孚敬迎合帝意，提出"大行皇后是皇帝之嫂，与累朝元后不同，宜谥二字或四字"，李时则提议用八字。左都御史王廷相、吏部侍郎霍韬等上疏认为，都是皇后，不应有差别。礼部尚书夏言召集群臣议论后上疏说："古人质朴，所以谥法也简明扼要。后来，谥字越来越多，都是出于臣子的盛情。大行皇后即生今世，宜行今制，其谥号宜如列圣元后，均谥十二字，二、四及八字都于礼无据。"世宗不同意，命廷臣再议，大臣们只好屈从帝意。最后世宗以"六"合阴数，命谥六字，于是谥为"孝静庄惠安毅皇后"。嘉靖十五年（1536），才按皇后礼，改谥为十二字，即"孝静庄惠安肃温诚顺天偕圣毅皇后"。

地理环境与陵寝营建

康陵背后的龙脉是金岭。金岭左右各有两座山峰，再后还有海拔高达531米的更为高大的山峰，金岭之前则有较为低矮的山峦，延伸到康陵宝城之后，形成五座山峰并列、前后各有山脉且呈后高前低的山峦布局形式。康陵左面的龙砂，是茂陵后面的山峦和泰陵后面、北面的山峦，以及金岭左侧与之相连的两座山峰。康陵右侧的虎砂是祥子岭、大峪山以及与金岭相连的右侧两座山峰。康陵前面的案山、朝山是庆陵、献陵、长陵陵后的小阜丘。

康陵左右两侧的水流源自其左右两侧山沟，在陵园右前方交汇后东流，又与锥石口、灰岭口、贤庄口的水流汇合，经陵前向东南方向的七孔桥流去。

康陵的营建在武宗去世后，于正德十六年（1521）四月三十日动工，工部左侍郎赵璜、太监邵恩、武定侯郭勋奉命提督山陵工程。六月十二日，号陵名为康陵。嘉靖元年（1522）六月十七日，陵园建成。

陵寝建筑

康陵的陵寝建筑制如茂、泰等陵，其清代乾隆年间的修缮情况也与茂、泰等陵情况相同。

神道

康陵神道从泰陵五孔桥西向西南分出，至康陵陵门长约1公里。途中有五孔石桥、三孔石桥各一座，近陵处建神功圣德碑亭一座（嘉靖十六年至二十一年增建）。清乾隆五十年至五十二年（1785—1787）对碑亭拆改情况如茂、泰等陵。五孔桥早毁，年代不详。三孔石桥栏板无存，已被用作乡间公路桥。

陵宫

康陵陵宫占地约2.7万平方米，总体布局、单体建筑制如泰陵。明崇祯十七年三月（1644），李自成农民军途经康陵，将康陵明楼付之一炬。清乾隆五十年至五十二年（1785—1787）对陵园重加修葺，明楼因已焚毁，所以修葺时为节省材料，将四壁尺度内缩，顶部与其他陵一样建成石条发券结构，斗拱则上下檐均采用单翘重昂七踩式。祾恩门被拆小改建、三座门檐部改为砖砌冰盘檐形制、拆除左右配殿等情况同泰陵。

日伪统治时期，陵园频遭破坏。明楼右侧清乾隆时增建的礓磋曾被拆毁。当地土匪曾在宝顶之上开挖盗洞，企图盗窃墓内珍宝。其时连降几天大雨，盗洞坍塌，砸死洞内土匪，陵园才幸免被盗，祾恩殿则在此后的战争年代被毁。

2003年至2004年，十三陵特区办事处对陵园的残坏建筑进行修缮，明楼宝城以及三座门、琉璃照壁均修葺一新。祾恩殿台基上的残墙得到归整、加固，祾恩门也依据乾隆时期改建后的遗

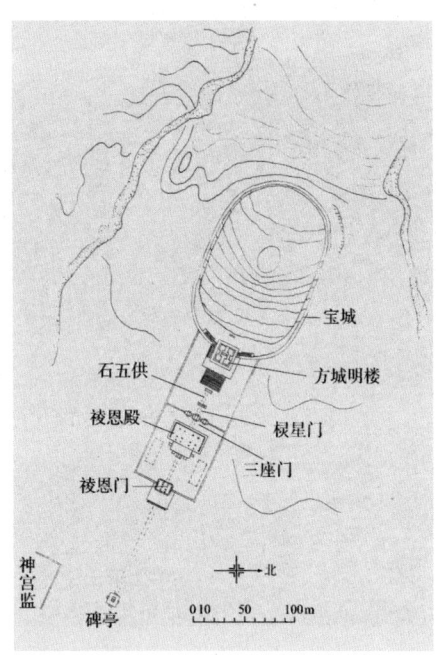

康陵平面图

康陵祾恩门

迹进行了复建。柱网分布显示，祾恩殿为面阔五间（通阔 30.04 米），进深三间（通深 16.18 米），仍是明代原有规制。清代缩建后的祾恩门，面阔三间（通阔 13.02 米），进深三间（通深 7.76 米）。

  由于明楼、陵墙等建筑灰皮脱落，露出了城砖上多处砖铭文。这些砖款识多样、字迹清晰、构图精美，是当时为检验工程质量，在烧制前刻或印在砖坯面上的标记性文字，经过烧制，遂完好地保留在砖面上。康陵内的城砖，有铭文的砖分别为成化（十三陵中发现最早带有铭文的砖是成化年间的）、弘治、正德年间所造。根据这些砖铭文的记载，可以知道康陵用砖产自河南、江苏、山东等省的 30 多个州县。铭文款识多样，字数多少不一。最少的不过三四字，只反映砖的产地，如"六合县""泰兴县造""浚县窑造""镇江卫造"等；最多的达61字，如"直隶松江府金山卫管工委官指挥魏文、照磨任铬、上海县提调官知县李隶、所县委官百户叶珪、县丞汤□、吏王恺。成化十八年 □月□日，黑窑匠计文恭、金福海"。不仅反映了砖的产地，还记有委官人、匠人的姓名以及砖窑种类、烧制年代等。铭文的布局形式也不尽相同：有横排式，有纵行式；有单行式，有多行式；有的舒展恢宏，将砖面占满，有的像一方长条印章装饰在砖面中间。字形大的径达5厘米，小的不足半厘米。铭刻形式有阳刻（文字凸出，如印章中的朱文印），也有阴刻（文字凹进，如印章中的白文印）。铭文的四周有的装饰有一道或两道"口"字形边框，给人以严谨庄重的规范感；有的不饰边框，给人以质朴无华的自然意趣。铭文书体有楷书及行楷两类，这些铭文大多出自民间书法家或略通文墨的匠人之手，书艺风格带有多元化和古朴天成的特色。有的铭文匀整规范、平

康陵明楼台基上明代明楼角柱石遗迹

康陵城砖铭文拓文

正工稳,带有宫廷"馆阁体"的特征;有的铭文雄强茂密,浑穆大方,又略具北魏碑版的风骨;有的铭文潇洒瘦劲,意态天真;有的铭文婉转遒劲……可谓千姿百态,意趣多变。

附属建筑

康陵附属建筑的设置同泰陵,且多毁于清代,亦同泰陵。至2010年,康陵的附属建筑仅神宫监、宰牲亭、神马房有残墙保留。神宫监在陵园右前方,监墙为河光石垒砌,四面墙体基本完整,监内有一株高大的银杏树,监门外有两株古槐树,均为明朝时栽植。宰牲亭位于陵园左前方，仅存河光石垒砌的残墙长约 10 米。神马房位于陵园左前方，遗址保存较好，虽墙体已残，但院落布局清晰，其总宽为 68 米，纵深 85.8 米，由前后两进院落组成。前院于前面正中位置设门，院内左右各有隔墙，形成左右马厩。后院系一庭院，院内有正房及左配房遗址，当系马夫居住的歇房及草料储存房间，院墙全部用河光石垒砌。

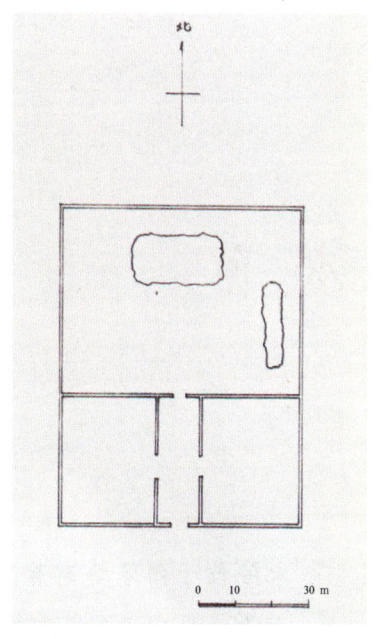

康陵神马房平面图

康陵神马房残墙

永 陵

　　永陵位于阳翠岭南麓,是明朝第十一位皇帝世宗肃皇帝朱厚熜及陈氏、方氏、杜氏三位皇后的合葬陵寝。

墓 主

世宗肃皇帝朱厚熜

世宗肃皇帝朱厚熜，明朝第十一代皇帝。正德二年（1507）八月初十日生于兴王府，正德十六年（1521）四月二十二日即皇帝位，次年改元嘉靖。嘉靖四十五年（1566）十二月十四日病逝于乾清宫，享年60岁，谥"钦天履道英毅神圣宣文广武洪仁大孝肃皇帝"。次年三月十七日葬永陵。

世宗是武宗朱厚照的堂弟，即武宗叔父兴献王朱祐杬之子。因武宗无子，按照"兄终弟及"的祖训继承了皇位。

当时，武宗的母亲皇太后张氏和以首辅大学士杨廷和为首的朝廷大臣虽然一致愿意迎立世宗为帝，却主张依照汉朝定陶王、宋朝濮王故事让世宗以过继其伯父孝宗为子的方式，以皇太子身份登极，并改称生父兴献王为叔父、母蒋氏为叔母。对于这一要求，世宗表示反对。当礼部要求他来京后，从皇城旁门东安门入，先居文华殿，次日在百官劝进下择日即位时，世宗坚持由皇城正门大明门入，日中即位。世宗母蒋氏入京时，礼部拟以王妃礼仪由东安门入，世宗不顾群臣反对，断然决定母后驾仪从大明门中门入,然后拜谒太庙。当他听说母亲不同意自己以孝宗为考,停在通州不肯进京时,涕泪不止。入启皇太后张氏,表示"愿避位奉母归"。在这种情况下,皇太后张氏及杨廷和等大臣才不得不屈从世宗,同意他追尊父兴献王为兴献帝,母为兴国后。

世宗在群臣的压力下曾一度称孝宗为皇考。此后围绕着世宗是否应该在兴献帝后的尊号中加上"皇"字、是否可以改称皇伯考以及世宗能否将其父"本生皇考恭穆献皇帝"尊号和母"本生圣母章圣皇太后"尊号中的"本生"二字去掉等一系列问题,世宗又一再与廷臣中的大多数官员发生争执,史称该场争议为"大礼议"或"议大礼"。在这场争斗中,世宗运用皇权的力量,最终取得了胜利,不少大臣受到了惩罚。

因世宗性情残暴,嘉靖二十一年(1542)十月二十一日,曾发生一场宫廷事变,史称"壬寅宫变"。那天深夜,世宗正熟睡于曹端妃宫中,以杨金英为首的16名宫女密谋趁机把他勒死。其中一名宫女用布蒙住世宗的脸,另一名宫女把绳索系在世宗的脖子上,大家一拥而上,将世宗按住,用力拉住绳套。可惜宫女们误把绳套挽成了死扣,绳索无法收紧。这时宫外隐约有一些响动,宫女张金莲见事不成,偷偷向皇后告密。皇后闻讯起来,将宫女们拿下。结果这些宫女均被"凌迟处死,剉尸枭首,示众尽法",家属也被逐一查出,依律处决。宁嫔王氏、端妃曹氏均牵连案中,被处以极刑。

世宗在位期间痴迷道教。道教有一种设坛祭祷,借以求福免灾的仪式,称为"斋醮",世宗在宫里常年不断地举行这种斋醮仪式。在举行这个仪式的时候，要给"天神"上一份奏章表文，因为是用朱笔写在青藤纸上，所以这种奏章表文又被称为"青词"。青词的文体，一般应采用对偶句法的"骈俪体"，要求撰写人要有一些文采。世宗设立斋醮时的青词，都让大臣们撰写，一些想升迁的官员纷纷在撰写青词上下功夫，以求升官晋爵、平步青云，大奸臣严嵩就是其中的一位。另外还有袁炜、李春芳、郭朴等人，因为青词写得好被世宗任命为内阁大臣，他们也因此被人们称为"青词宰相"。

世宗终日在皇宫里设坛斋醮、迷醉祷祀、不临朝问政，导致后来奸臣严嵩专权、忠义大臣被贬杀和朝政昏暗的局面。而当时朝廷面临着"南倭北虏"两大威胁。在抗击东南沿海倭寇的作战中，总督张经率总兵俞大猷等奋勇作战，取得了一次又一次胜利，但张经却被严嵩的亲信、负责督察沿海军务的工部侍郎赵文华所陷害，被下诏狱论死。在抵御蒙古骑兵南下侵扰方面，首辅大学士夏言、总督三边侍郎曾铣力主收复河套地区，取得了一定战果，但均被严嵩用计陷害而死。

世宗对道教的迷信，不仅搅乱了朝廷政务，还造成了极大的浪费。据史书记载，嘉靖时期每年斋醮所用蔬食费用就要花去上万两白银。此外还要用黄蜡20多万斤、白蜡10多万斤、香品几十万斤。

道教给世宗带来了长生不老的幻想，但他却终因过多服用丹药而中毒身亡。

孝洁肃皇后陈氏

孝洁肃皇后陈氏,世宗原配,元城(隶河北大名府)人,都督同知泰和伯陈万言女。嘉靖七年(1528)十月初二日病故。世宗下令丧礼降等,谥"悼灵",葬天寿山袄儿峪。嘉靖十五年(1536),礼部尚书夏言上奏:"先皇后正位中宫,母仪天下七岁,天崩谥悼,虽侔古法,而灵义有六,类非美称,请下翰林更谥。"于是改谥为"孝洁"。穆宗登极后,上尊谥"孝洁恭懿慈睿安庄相天翊圣肃皇后",迁葬永陵。

孝烈皇后方氏

孝烈皇后方氏,世宗第三后,江宁(今江苏南京)人,左都督安平侯方锐女。嘉靖十年(1531)三月被册封为德嫔。方氏被册为嫔后的第三年,世宗的第二位皇后张氏被废,方氏被册立为皇后。

方氏在"壬寅宫变"时,闻讯及时赶到,下令解开绳索,救下世宗。嘉靖二十六年(1547)十一月十八日方氏去世。世宗命以原配皇后礼仪葬永陵,并命将其棺椁停放于皇堂(玄宫主室)棺床上左侧,经礼部大臣建议,命放置右侧,谥孝烈皇后。隆庆初,上尊谥"孝烈端顺敏惠恭诚祗天卫圣皇后"。

孝恪皇后杜氏

孝恪后杜氏，穆宗生母，北京大兴人，庆都伯杜林女。嘉靖十年（1531）封康嫔，嘉靖十五年（1536）晋封为妃。嘉靖三十三年（1554）正月十一日去世，赐谥"荣淑"，葬金山。穆宗即位，上尊谥"孝恪渊纯慈懿恭顺赞天开圣皇太后"，迁葬永陵。

陵寝卜选与营建

永陵选址在嘉靖七年（1528）皇后陈氏去世之时。当时世宗命辅臣张璁及致仕兵部员外郎骆用卿等人为陈皇后选择陵地，同时也秘密选好了自己的陵地。

骆用卿在嘉靖年间以通晓风水术闻名，他选择了橡子岭（祥子岭）和十八道岭两处吉壤，并画图贴说，呈给世宗。嘉靖十五年（1536）三月二十四日，世宗谒祭长、献、景三陵后，带领从臣和钦天监官员亲自到骆用卿为他选定的十八道岭察看，第二天又察看了橡子岭，最后君臣一行认为十八道岭风水最为优胜。于是世宗下旨于该处为自己营建寿宫。

嘉靖十五年（1536）四月二十二日申时，浩大的陵工开始了。世宗皇帝亲自主持祭告长陵的典仪后，命武定侯郭勋、辅臣李时总理山陵营建事宜，并下诏更名十八道岭为"阳翠岭"。

陵后的阳翠岭为陵园的玄武山,该山拔地而起,有高耸巍峨之感。前陵的朝山是大红门西侧的虎山(西侧一峰,但稍偏)。其龙砂是蟒山及汗包山等山脉,虎砂是天寿山西峰及祥子岭、大峪山等山脉。陵园的水流,左侧来自德陵沟并绕经陵前,与陵园右侧水流汇合,左转后汇入七孔桥主河道。

经过多年的经营,永陵营建工程告成,耗银达800余万两。工程最紧张的时候,参加营建的三大营官军多达4万余人。

陵寝建筑

永陵的陵寝制度基本仿照长陵,殿宇、宝城规模略有缩小,但用材更为讲究,且陵宫建有前七陵都没有的外罗城。

神道

永陵神道从长陵神道七孔桥北向东北分出,长约1.5公里。途中有单孔石桥一座,桥北为铺石路面。近陵处建神功圣德碑亭一座,亭前并列单空石桥三座。清乾隆五十年至五十二年(1785—1787)碑亭拆改情况同泰、康等陵。至2010年,靠近长陵神道的部分已经毁坏,残存部分埋在农田中。单孔石桥桥身基本完好,桥面墁石,桥洞以砖发券。自神道小石桥北至外罗城门遗址前,保存有神道路面。其中间御路部分墁砌石条，宽3.37米。两侧散水用砖墁，已不完整，其残存部分宽约1.7米。神功圣德碑亭状况同康陵，陡板式的台基四框也全系石构，四面各有垂带踏跺式台阶。碑趺下土衬石的上部除雕海水漩流外，四角分雕鱼、鳖、虾、蟹四种水生动物，较前述诸陵图案更为复杂。碑亭前并列的三座石桥制如神道石桥，三桥除右桥稍损外，桥身均大体完整。

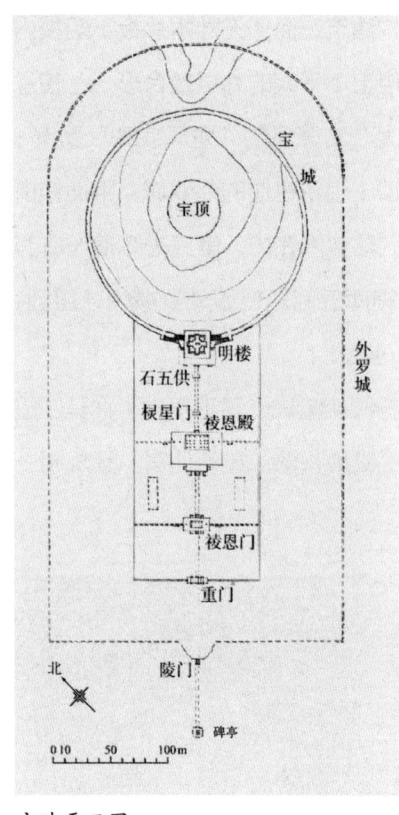

永陵平面图

陵宫

永陵陵宫占地约 25 万平方米。宝城直径按《大明会典》记载为明尺81丈。祾恩殿重檐七间，左右配殿各九间，规模仅次于长陵。其不同于前七陵之处为：宝城垛墙不用砖砌，采用打磨平整、色彩斑斓的花斑石垒砌；城台之下是个实体，不设门洞，城台的左右两侧各设转向礓䃰，并且各设有白石门楼一座；明楼采用砖石结构，斗拱、额枋、檐椽、飞子、霸王拳及榜额等构件均为石雕，施以彩画，酷似木构建筑，而实无寸木片板；明楼内圣号碑碑趺不用须弥座式，采用上小下大的九层叠台形式；祾恩殿、祾恩门御路石雕采用左升龙、右降凤的"龙凤戏珠"图案；宝山中部有上小下大圆柱形宝顶；创新建造的外罗城，平面作前方后圆形，将宝城及前面三进院落包围在内，第三进院落左右有角门通外罗城内；神厨五间、神库五间均位于外罗城内，重门、祾恩门、祾恩殿左右各设掖门一座。

由于永陵用料考究，规制宏阔，明隆庆《昌平州志》称其"重门严邃，殿宇宏深，楼城巍峨，松柏苍翠，宛若仙宫。其规制一

永陵明楼

准于长陵，而伟丽精巧实有过之"。

清乾隆五十年至五十二年（1785—1787）修葺十三陵时，永陵也得到了修整。当时永陵的祾恩门和祾恩殿虽然"头停椽望尽属破坏，柁、檩、枋、垫亦有糟朽"，但由于初建时用材宏壮、施工精细，其大木构架尚无大损。负责修陵的大臣金简（工部尚书）、曹文埴（户部侍郎）等人鉴于十三陵修缮范围较大，至乾隆年间楠木已经"采伐殆尽"，若"仍照旧式修整，则长陵、永陵两处购求大木更难办理"的情况，经过商议，提出对永陵拆大改小："拟将永陵享殿等处拆卸，一切柱木大件先尽长陵均匀配用。其永陵宫门、享殿，再将拆下两庑各座木料配搭，按照各陵规制建造享殿五间、宫门三间。"他们认为，"如此转移筹办，不独长陵规模可仍其旧，轮奂维新，即永陵殿宇亦得与诸陵一律缮治整齐，观瞻并皆宏敞"，这个建议得到乾隆皇帝的同意。永陵的祾恩门、祾恩殿因此全部被缩小规制建造：

永陵祾恩门御路石雕

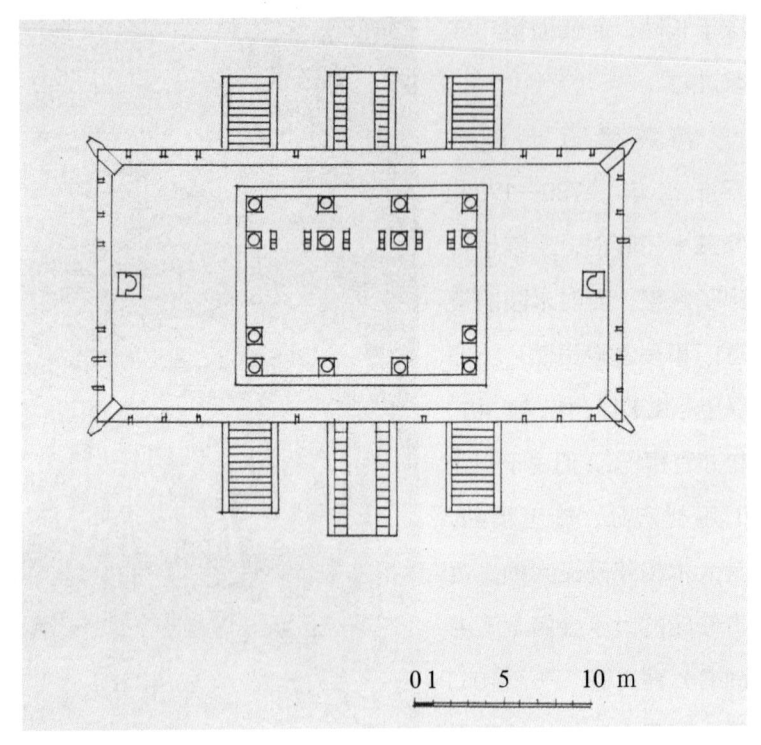

永陵祾恩门平面图

祾恩殿由面阔七间（通阔50.65米）、进深五间（通深27.72米），缩为面阔五间（通阔25.91米）、进深三间（通深14.4米），殿顶由重檐式改建为单檐歇山式；祾恩门由面阔五间（通阔26.26米）、进深二间（通深11.26米），缩为面阔三间（通阔12.3米）、进深三间（通深8.7米），单檐歇山顶的形制未变，左右配殿、外罗城等建筑则被拆除。

  民国年间，乾隆时期改建的祾恩殿、祾恩门相继塌毁。1955年，北京市园林局曾对永陵明楼、陵墙等建筑进行修缮。至2010

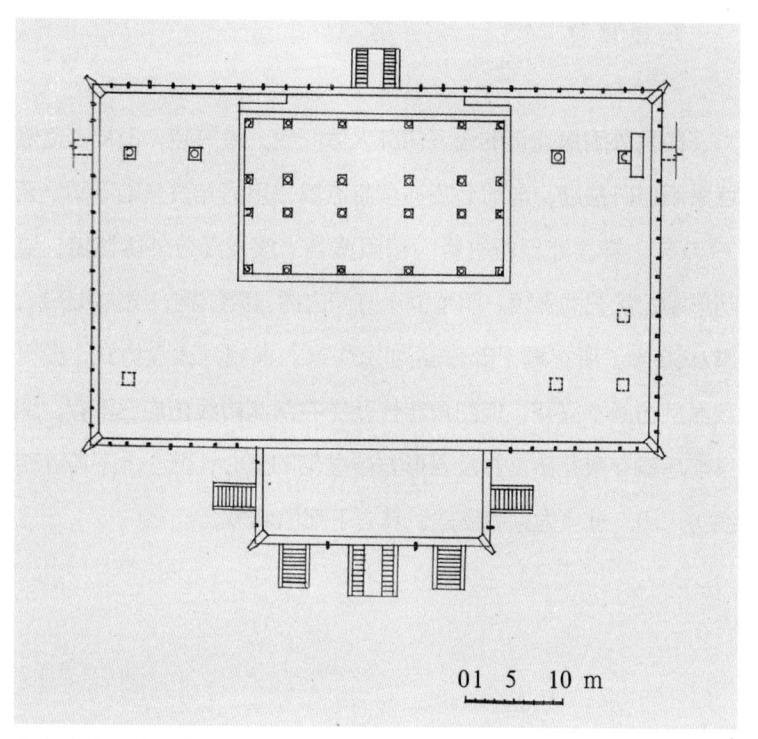

永陵祾恩殿平面图

年，明代建造的台基上完整地保留着清代改建后门、殿的柱础石。明代门、殿的柱础石保留不多，但其体量明显大于改建后的柱础石。其中祾恩殿现存明代重檐金柱柱础石鼓镜部分直径达1.2米，比长陵的仅少2厘米，可知明朝时永陵祾恩殿的楠木柱也是十分粗壮的。

附属建筑

陵宫外附属建筑的设置情况大体同泰、康等陵，但神宫监监墙采用城砖垒砌，与前七陵神宫监监墙采用河光石垒砌不同。至 2010 年，神宫监保留有监门和照壁各一座及部分外围监墙，监门形制、状况同景陵。照壁位于监门之内，砖结构，宽为 4.8 米，厚 0.68 米。所存檐下部分高为 2.91 米。檐制为冰盘檐式，檐下素面额枋基本完整，但四角砖柱及左右两侧砖线枋均已不存。壁身前后各存雕花砖岔脚及菱形方砖垒砌的壁心，壁心上下各存砖线枋一道。壁座为须弥座式，其右下部已塌毁。

昭 陵

昭陵位于大峪山东麓(定陵的南侧),是明朝第十二位皇帝穆宗庄皇帝朱载垕及李氏、陈氏、李氏三位皇后的合葬陵寝。是十三陵中第一座全面复原修葺的陵园,也是陵区正式开放的旅游景点之一。

墓 主

穆宗庄皇帝朱载垕

穆宗庄皇帝朱载垕，世宗朱厚熜第三子，嘉靖十六年（1537）正月生于皇宫，嘉靖十八年（1539）二月封裕王，嘉靖四十五年（1566）十二月即皇帝位，次年改元"隆庆"。隆庆六年（1572）五月二十六日于乾清宫病故，享年36岁，谥"契天隆道渊懿宽仁显文光武纯德弘孝庄皇帝"。九月十九日葬昭陵。

穆宗即位之后，颇有节俭之行。在朝政的处理上，穆宗初登政坛，也不乏振兴之举。面临世宗朝遗留下的严重的财政危机和不安定因素，他在宫内信任比较正派的内官监太监李芳，在大臣中，任用徐阶、高拱、张居正等一些出色的政治家，朝廷政治出现了新的起色。

临政之初，内阁首辅大臣徐阶在草拟世宗遗诏和穆宗即位诏书时，提出了为嘉靖年间因建言（规劝皇帝）而获罪的官员平反，将愚弄世宗的方士交付法司治罪；停止斋醮活动，罢织造，停采买珠宝香料等无益之举，大赦天下；免嘉靖四十三年（1564）以前各地所拖欠的田赋，减免明年天下田赋之半；赦免并起用被囚于狱中的原户部主事海端及吴时来、赵锦等33名官员，为遭严嵩迫害的杨继盛等45名官员昭雪平反。这些大得人心的做法实施后，"朝野号恸感激"，对消除世宗朝的种种弊端产生了一定作用。

然而穆宗在政事上虽有些振作，但仅维系了不足一年的时间，便沉醉在后宫的享乐之中。

他不顾当时国库空虚、民生凋敝的经济形势，多次取太仓银入内府。又下诏户部四处购买猫睛石、祖母绿及各色珠宝，大兴土木修建宫苑等。在位六年中，传旨取银竟不下数十万两。

在宫中，滕祥、孟冲、陈洪三名太监"争饰奇技淫巧以悦帝意"。太监李芳切谏，穆宗竟解除其内官职务。陈皇后因劝谏而被出之别宫。大臣们纷纷上疏劝谏，但穆宗根本听不进去，许多人被廷杖削籍。

幸运的是，隆庆年间的几位内阁大臣如徐阶、高拱、张居正等人都是一些颇有作为的政治家。穆宗皇帝对朝政不感兴趣，却也能采纳内阁的意见。因而隆庆一朝，虽因时间短暂，没有形成"中兴盛世"的局面，却也在很大程度上缓解了世宗朝所遗留的一系列政治危机的形势。隆庆和议，封蒙古族鞑靼部首领俺答汗为顺义王、允许蒙汉两族在边关通贡贸易，使蒙汉两族长期军事对峙的情况得到缓解。解除海禁使沿海地区倭患得到控制。

为此，《明史》称赞穆宗"在位六载，端拱寡营，躬行俭约，尚食岁省巨万。许俺答封贡，减赋息民，边陲宁谧……可称令主矣"。

孝懿庄皇后李氏

孝懿庄皇后李氏,北京昌平人,锦衣卫百户李铭(后以女显贵,官至锦衣卫副千户,封德平伯)女。嘉靖三十一年(1552)九月被选为裕王妃,暂住宫内,第二年二月行迎亲礼,正式册为裕王妃。

成婚两年后,李氏生子朱翊釴,嘉靖三十六年(1557)正月生皇长女,嘉靖三十七年(1558)四月十三日病故于裕王府,世宗为其亲定丧仪规制。同年七月葬于京西金山丰裕口。穆宗即位后,于隆庆元年(1567)二月追谥为孝懿皇后。隆庆六年(1572)七月,神宗又为其上尊谥为"孝懿贞惠顺哲恭仁俪天襄圣庄皇后",迁葬昭陵。

孝安皇后陈氏

孝安皇后陈氏,北京通州人,国子监监生陈景行(陈氏入选裕王继妃后,授中城兵马指挥司指挥,后改授锦衣卫副千户,封固安伯)之女。嘉靖三十七年(1558)九月选为裕王继妃。隆庆元年(1567)册立为皇后。陈氏无子,且多病,颇受穆宗冷落。

穆宗死后,神宗尊陈氏为"仁圣皇太后",居慈庆宫。万历六年(1578)加尊号"贞懿",十年(1582)加"康静"。万历二十四年(1596)七月十三日陈氏病故,神宗为其上尊谥为"孝安贞懿恭纯温惠佐天弘圣皇后",祔葬昭陵。

孝定皇后李氏

孝定皇后李氏，通州永乐店人，神宗生母，初为宫嫔，侍穆宗于裕王府中，隆庆元年（1567）三月封皇贵妃，万历元年（1573）被神宗尊为"慈圣皇太后"，万历四十二年（1614）二月初九日病故，谥"孝定贞纯钦仁端肃弼天祚圣皇太后"，享年70岁，葬昭陵。

孝定后出身寒微。她的父亲名叫李伟，原来是个泥瓦匠，家里十分清贫。为了生计，她尚在孩提之时就被父亲卖给了当地的富户陈家。陈家有个小姐（即孝安皇后），年纪也不大，两人情同亲生姐妹，关系处得很好。后来陈家小姐被选为裕王继妃，孝定后去王府看望，在府中被当时还是裕王的穆宗看中，遂命留府中，初为宫嫔，后为选侍，生皇次女、神宗及潞王并皇五女。穆宗即位后晋封皇贵妃。其父李伟因此显贵，官至锦衣卫指挥佥事，封爵武清伯，晋武清侯。

穆宗死后，10岁的朱翊钧登上皇帝宝座，是为明神宗。孝定皇后把教育神宗的事交给了首辅大臣张居正，同时严格要求神宗的起居。

神宗少年登极，一应政事，孝定皇后都委之首辅张居正。张居正在孝定皇后的支持下，在政治、经济等各方面进行了一系列的改革。

孝定皇后信奉佛教，宫中的人为了讨她的喜欢，把她说成是九莲菩萨的化身。孝定皇后也以菩萨自居，在京城广修寺宇。

神宗亲政后，孝定皇后尊号屡有增加。万历六年（1578）三月加尊号"宣文"，万历十年（1582）加"明肃"，万历二十九年（1601）加"贞寿端献"，万历三十四年（1606）加"恭熹"。四十二年（1614）二月病故后，神宗下诏，以皇太后中最优厚的礼仪安葬。

陵寝卜选与营建

昭陵的玄宫是嘉靖十七年（1538）十二月十二日世宗下令建造的。起因是世宗的母亲章圣皇太后蒋氏于该年十二月初四日病故，世宗遂下诏在天寿山营建陵寝，打算把父亲朱祐杬从湖北钟祥的显陵迁来，与母亲合葬于天寿山。他亲自到天寿山陵域选择陵址，见大峪山"林茂草郁，冈阜丰衍"，即命武定侯郭勋和工部尚书蒋瑶等人提督内外员役，开始营建天寿山的"显陵"。

从陵园周围的地理环境看，陵后的大峪山主峰高大雄伟，海拔达511米。其前又有延伸出来的后高前低的两座山峦，达于宝城之后。陵左有定陵后山，即小峪山以及祥子岭等山脉为龙砂。右有主峰延伸出来的翠屏山以及苏山、长岭等山脉为虎砂。陵前有天寿灵山、汗包山等为案山和朝山。陵园的水流，近处有陵园左右两侧山沟的水流，在陵园左前方交汇后，注入陵前河道。稍远处左侧有灰岭口、贤庄口水流，右有德胜口水流，分经七孔桥和南五孔桥向东流去。

天寿山"显陵"玄宫于嘉靖十八年（1539）四月建成，世宗亲自去大峪山阅视。二十八日，他在天寿山行宫对严嵩等大臣说："峪地空凄，岂如纯德山（显陵后面的山）完美，决用前议奉慈宫南祔。"由于世宗改变了主意，章圣皇太后最终安葬于湖北显陵，与朱祐杬合葬，这座新建好的天寿山"显陵"玄宫便空了下来。

隆庆六年（1572）五月二十六日，穆宗在乾清宫病故。礼部左侍郎王希烈奉神宗之命往天寿山为穆宗选择陵地，选得了永陵左侧的潭峪岭（今德陵所在位置）。同年六月，神宗又命大学士张居正与司礼监太监曹宪于即位礼后再去陵区审视。随后又派遣户部尚书张守直、礼部右侍郎朱大绶、工部左侍郎赵锦、礼科都给事中陆树德、江西道御史杨家相、工部主事易可久等官员与张居正一同再次前往天寿山察看。回来在张居正等人的建议下，神宗决定采用大峪山作为穆宗陵寝的修建地点。

隆庆六年（1572）六月十五日，神宗下诏在大峪山建陵，并于二十七日定名为昭陵。工部尚书朱衡被委任总督山陵事务，工部左侍郎赵锦负责督催木石，工部右侍郎熊汝达和内官监太监周宣等在工所提督施工。另外还有锦衣卫左都督朱希孝、金书杨俊卿等在现场往来监工。

工程进展迅速，仅用一年时间，昭陵的工程就全部结束。但由于当时施工不细，才过了一年的时间，陵园建筑便出现了地基沉陷的问题。万历三年（1575）正月，神宗派工部左侍郎陈一松等提督再修昭陵。七月，陵工告竣。前后两次修建共用银150余万两。

陵寝建筑

昭陵的陵寝制度，布局同泰、康等陵，但单体建筑形制又有所变化。

神道

昭陵神道从长陵神道七孔桥北向西分出，长约2公里。途中从东向西依次建五孔桥一座、单孔石桥一座。近陵处建神功圣德碑亭一座，亭后并列单孔石桥三座。清乾隆五十年至五十二年（1785—1787）碑亭拆改情况同永陵。1987年至1990年，十三陵特区办事处修缮昭陵时，复建了碑亭，建筑形制为重檐歇山式。至2010年，明代原有的神道路面现已全部不存。神道五孔桥仅存部分灰石墁砌的桥空地面，桥身

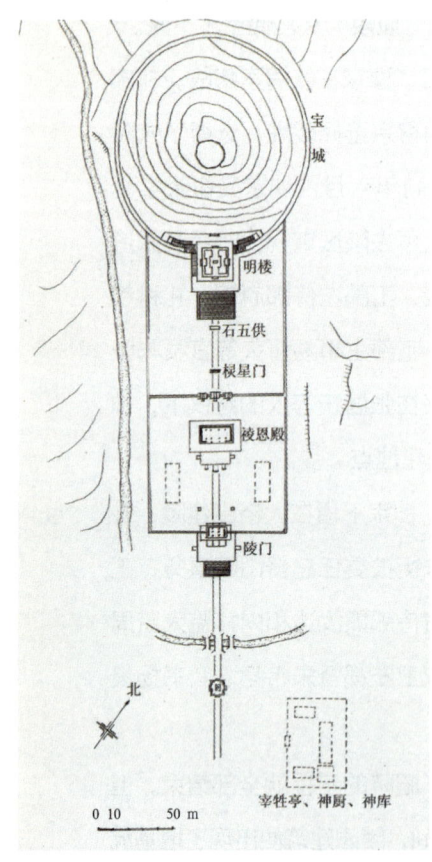

昭陵平面图

已经不存。单孔石桥仅保留有东侧泊岸上部残存部分雁翅残石，桥身也已经不存。亭后并列三座单孔石桥，原略残，中桥石栏全毁，修缮时配齐了栏杆。石桥及碑亭前后原各有小段旧神道保存，中间御路部分墁城砖，宽 1.7 米，左右两侧散水为碎卵石铺砌，包括牙子砖在内各宽 1.35 米。修葺时拆除，改墁为水泥砖路面。

陵宫

昭陵陵宫占地约 3.46 万平方米，总体布局、形制同康陵。但与康陵不同的是：宝城内封土高厚，仿照永陵有隆起的宝顶；宝城内创制设月牙城、"哑巴院"；城台后的琉璃照壁创制为红墙

昭陵哑巴院

壁心，壁身一半嵌入月牙城墙体之内、一半露外的随墙而建的方式；祾恩殿建为重檐歇山式建筑。

历史上昭陵先后遭受到两次破坏。崇祯十七年（1644）三月，李自成农民起义军的一支部队，放火焚烧了昭陵明楼。清康熙三十四年（1695）三月初五日，大雨滂沱，雷电交加，昭陵祾恩殿和两庑配殿遭雷击起火，陵卒拼命扑救，只救下了两庑配殿，祾恩殿被彻底烧毁。随着岁月的推移，到了乾隆年间，两庑配殿和祾恩门又相继残坏。

乾隆五十年至五十二年（1785—1787），清廷修葺明十三陵，昭陵也在修葺之列。从遗址分析，当时修葺的项目有明楼、祾恩门、祾恩殿三项工程。这次重修虽然使陵园制度稍趋完备，但却改变了原有建筑的规制。

明楼的斗拱，依明朝制度各陵均为上檐单翘重昂七踩斗拱，下檐重昂五踩斗拱。而修葺后的昭陵却变成了上下檐均为单翘单昂五踩斗拱。明楼同泰、康等陵由原来的木质梁架结构改为条石券顶结构。

祾恩门、祾恩殿虽然重建时间数没有大的变动，但都缩小了尺度。祾恩殿原制面阔五间（通阔30.38米），进深四间（通深16.77米），清代重建后，面阔间数没有改变，通阔尺度却缩小为23.3米，进深改为三间，通深尺度缩小为11.92米。祾恩门原为面阔三间（通阔18.44米），进深二间（通深8.04米），清代重建后面阔、进深间数未变，但通阔缩小为12.52米，通深缩小为6.77米。陵内的两庑配殿不仅没有重建，而且残垣断壁也被拆除，在此后长达 200 年的时间里一直没有修缮。至中华人民共和国成立前夕，陵园建筑只剩下残坏的明楼和陵墙了。

为了加强对文物的保护和利用，开辟新的旅游景点，十三陵特区办事处从 1985 年 6 月开始筹备昭陵的复原修缮工程，1987 年 4 月正式动工。陵宫修缮的主要工程有：明楼木架结构和瓦饰的更换，祾恩殿、祾恩门、两庑配殿的复建。1990 年 8 月，复建竣工。

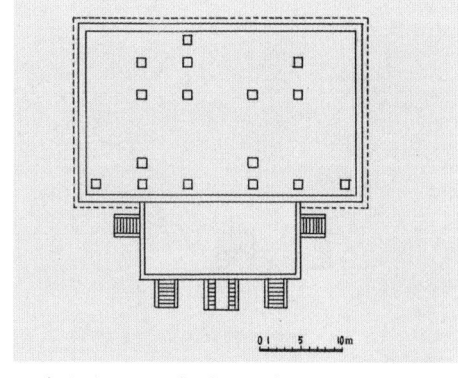

昭陵祾恩殿明代柱础石分布图

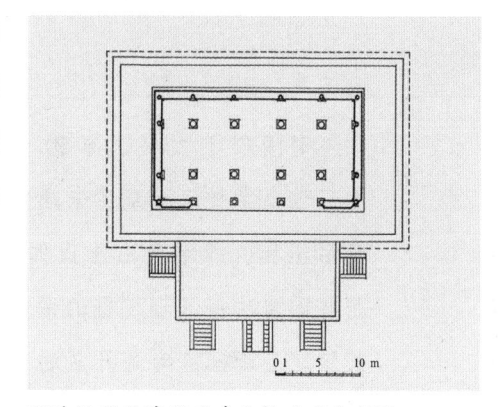

昭陵祾恩殿清代改建后柱础石分布图

附属建筑

昭陵的附属建筑设置情况同泰、康等陵，但神宫监监墙采用砖砌同永陵。昭陵的附属建筑多毁于清代，神宫监监墙毁于 1958 年。宰牲亭、神厨、神库的复原修建始于 1990 年，1992 年竣工。复建前，宰牲亭、神厨、神库以及围墙均有遗址保存。复建后，宰牲亭为重檐歇山顶，内有明代遗留的血池，神厨为正房五间，神库为左右厢房各三间。神厨、神库均复建为悬山顶式建筑。

定 陵

定陵位于大峪山东麓,是明朝第十三位皇帝神宗显皇帝朱翊钧和孝端显皇后王氏、孝靖皇后王氏的合葬陵寝,是我国首次按计划发掘的帝陵,也是继长陵之后十三陵对外开放的另一个主要景点。

墓 主

神宗显皇帝朱翊钧

神宗显皇帝朱翊钧，穆宗第三子，明代享国最久的帝王。嘉靖四十二年（1563）八月十七日生，隆庆二年（1568）三月十一日立为皇太子，隆庆六年（1572）六月初十日即位，年10岁，次年改元万历。万历四十八年（1620）七月二十一日病逝于宏德殿，享年58岁。九月，上尊谥为"范天合道哲肃敦简光文章武安仁止孝显皇帝"，十月初三日葬入定陵。

他以冲幼君临天下，其生母慈圣皇太后李氏委朝政于首辅大学士张居正。张居正推行政治、经济等方面的改革，朝廷政治出现生机，出现了国库充盈、太仓积粟可用十年、朝廷政令朝下而夕奉行的局面。

万历十年（1582）张居正病故，张居正推行的改革措施废止不行。万历十二年（1584），张居正被加上了"专权乱政，罔上负恩，谋国不忠"等罪名，告谕天下，抄没家产。张居正的长子、礼部主事张敬修在严刑逼供之下，自缢而死，次子嗣修和弟居易俱被发配到边远地方充军，张居正引荐任用的官员也被斥削殆尽。

万历中叶以后,神宗的昏惰达到了不视朝、不御讲筵、不亲郊庙、不批答奏章的程度,甚至中央和地方缺官也不补充,国家机器几陷瘫痪状态。

为了敛财,从万历二十四年(1596)开始,神宗派出大批亲信宦官,分赴各地充当矿监、税使开矿、征税。这些矿监税使倚恃神宗的宠信,胡作非为,肆意搜刮民财,所到之处,鞭笞官吏、剽劫行旅,商民恨之入骨。

万历二十年至二十七年(1592—1599)的抗倭援朝战争,虽"靡费数百万",损失了不少兵将,但明军在朝鲜军民的配合下,打败了日本丰臣秀吉的侵朝军队,加强了中朝两国的传统友谊,保证了朝鲜人民和平的生活环境。

孝端显皇后王氏

孝端显皇后王氏,神宗原配,浙江余姚人,永年伯王伟女,生于京师。万历六年(1578)二月册立为皇后。王氏性情温和宽厚,颇得慈圣皇太后欢心。光宗为太子时,能曲为照应。后来郑贵妃专宠后宫,王氏亦受冷落。万历四十八年(1620)四月初六日,王氏病故,谥"孝端"。光宗即位,上尊谥为"孝端贞恪庄惠仁明媲天毓圣显皇后",十月初三日葬入定陵。

孝靖皇后王氏

孝靖皇后王氏，光宗生母，宣府（今河北宣化）都司左卫人，原任锦衣卫百户赠明威将军指挥佥事王朝寀女，母葛氏封太恭人。王氏生于嘉靖四十四年（1565）正月二十七日寅时，万历六年（1578）二月初二日选入皇宫（年13岁），初为慈宁宫宫人，侍奉神宗的母亲慈圣皇太后。

后神宗到慈宁宫，见王氏颇有姿容，遂将她私幸。万历十年（1582）六月十六日，册封王氏为恭妃。八月十一日，王氏生下光宗朱常洛。

但神宗并不喜欢王氏母子二人。万历十四年（1586）正月，神宗最宠爱的贵妃郑氏生皇三子常洵，神宗晋封她为皇贵妃，而王氏却封号如故，且母子同居景阳宫，终年不得与神宗相见。万历二十九年（1601）十月，光宗被册立为皇太子，王氏的封号仍没有变动。万历三十三年（1605）十一月十四日，太子喜得长子，而王氏的封号还是没有变动。大臣们接二连三上疏谏劝，神宗才不得不于翌年四月二十日晋封王氏为皇贵妃，但她此时的处境却更加凄苦。王氏病逝于万历三十九年（1611）九月十三日酉时，病危之时，其所居宫门还被锁着。

王氏死后，神宗谥其为"温肃端静纯懿皇贵妃"。该年十月十三日，礼部左侍郎翁正春上疏请示王氏的安葬事宜。过了两天，神宗命翁正春等人到天寿山卜地，选得了东井左侧的平冈地，经神宗同意，在那里正式营建了坟园。万历四十年（1612）七月十七日葬王氏。其随葬金制品极少，棺内除了为数不多的丝织品外，仅有银锭数枚和一些银制器物。

光宗登极后，曾下诏追谥母亲为皇太后，但仪礼未行，自己先崩。熹宗登极，为王氏上尊谥为"孝靖温懿敬让贞慈参天胤圣皇太后"，并迁葬定陵，同时补充了三箱随葬品。其中一箱放孝靖后的木制谥册和谥宝，一箱放三龙二冠一顶以及玉带、玉佩、玉谷圭、金垒丝珍珠霞帔、金香熏等物，另一箱放十二龙九凤冠一顶。

陵寝选址与营建

万历十一年（1583）二月神宗先后两次遣官前往天寿山预卜陵地。此后又几经选择，共选得潭峪岭、祥子岭、勒草洼、团山、珠窝圈、大峪山、形龙山、黄山寺二岭、宝山、平岗地等多处吉壤。万历十二年（1584）九月十六日，神宗奉两宫圣母登望大峪山，决定就在该处营建寿宫。十一月初六日辰时，寿宫营建开工。万历十三年（1585）三月至八月间，寿宫工程全面铺开。

定陵的营建计用白银800余万两，其费用之巨与长、永二陵不相上下。其营建时间从万历十二年（1584）十一月开工，至万历十八年（1590）六月竣工，跨时五年半有余。其间工程有急有缓，在工程高潮时期，如万历十三年（1585）八月时，每日参加

定陵鸟瞰

陵工劳作的军民工匠多达二三万人。

　　神宗对定陵的营建非常关注，曾于万历十六年（1588）九月霜降节率后妃恭谒长、永、昭三陵后，带领大臣们"历阅宝城、玄宫"，并且在玄宫内饮酒自娱。

　　定陵背后的大峪山山势起伏连绵，前面延伸脉络至宝城后为一座顶部圆浑的山包，大臣们给神宗的奏章称赞其为"水星（指立面形状动如游蛇的山峰）行龙，金星（指立面为圆顶的山峰）结穴"。陵园左侧有祥子岭、天寿山为龙砂，右侧有昭陵后山、苏山、鹿马山、长岭、卧虎山等为虎砂，前方正对蟒山为朝山。陵园的水流，近处有宝城两侧山壑间的水流左右抱合，于陵园左侧汇合后注入陵前大河。远处左有灰岭口、贤庄口、锥石口及老君堂口水流流经陵前，右有德胜口水流抱合，并与陵前水流汇合后朝东山口方向流去。

陵寝建筑

在神宗的授意下，定陵的陵寝建筑规模、形制基本取法其祖父明世宗的永陵，只不过宝城直径略小于永陵，配殿间数也比永陵略少。

神道

神道起点始自昭陵神道五空桥西，向北而后向西曲折通至陵前，总长约1.5公里。路面形制，中间为铺砌石条的御路，两侧墁砖为散水。途中建有三孔石桥一座，近陵处建重檐歇山四出陛式的神功圣德碑亭一座，碑亭前并列建有中、左、右三座单孔石桥。清顺治元年（1644）清兵入关后，将神功圣德碑亭毁坏。乾隆五十年至五十二年（1785—1787）在碑亭四面垒砌宇墙情况同永、昭

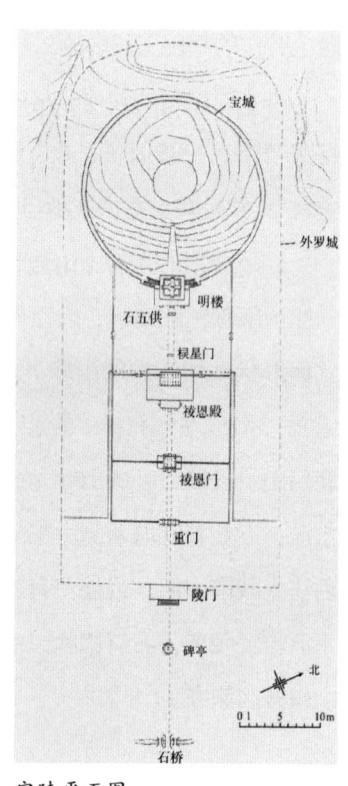

定陵平面图

等陵。至 2010 年，神道三孔石桥已不存，神功圣德碑及四周宇墙保存完好。碑亭前三座石桥，桥身保存完好，石栏杆均系定陵博物馆开放后补配。神道路面仅碑亭至三座石桥之间路段保存。其中部铺砌石条的御路部分宽 2.35～2.64 米不等，两旁墁砖散水（含石牙宽）各宽 2.15 米。

陵宫

定陵陵宫占地约 18 万平方米。明代营建的陵宫整体布局及单体建筑形制、用材均与永陵相同，仅左右配殿各七间，外罗城内神厨、神库各三间，规制稍逊永陵。

定陵祾恩门石雕螭首

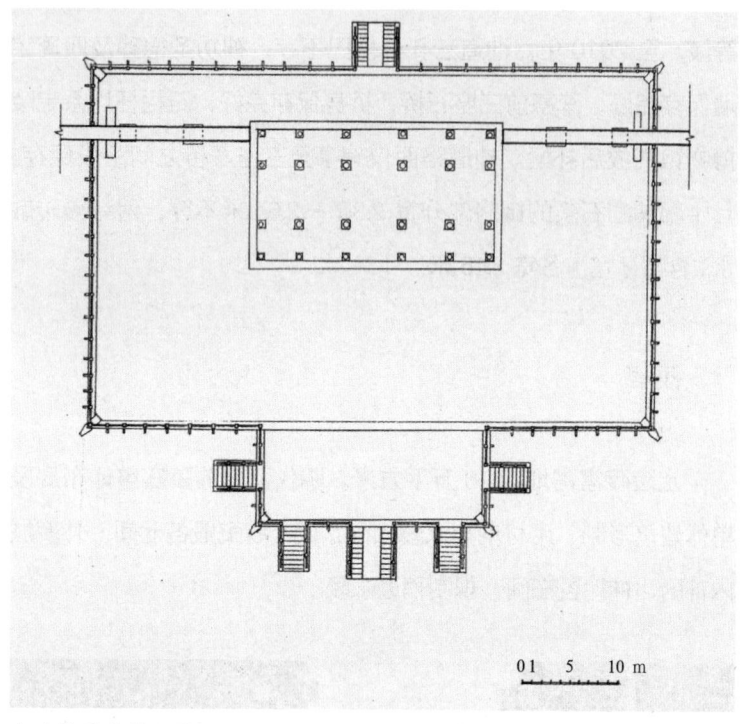

定陵祾恩殿平面图

明崇祯十七年（1644）三月，李自成农民起义军途经定陵，将陵园祾恩门、祾恩殿、左右配殿等付之一炬，全部烧毁。

清顺治元年（1644）清兵入关后，又对残坏的祾恩殿进行破坏。清高宗认为，定陵的被毁出自睿亲王多尔衮的建议，世祖皇帝当时还没有亲政，不是出自世祖皇帝的旨意。况且，清王朝"国家一统，已历百数十年，胜朝陵寝自应一律修复"。所以，清廷于乾隆五十年至五十二年（1785—1787），在原有祾恩殿的台基上修建了一座面阔五间（通阔23.28米），进深三间（通深11.95米）的享殿；在原有祾恩门的台基上建造了一座面阔三间（通阔

13.27米），进深三间（通深8.53米）的单檐歇山顶式的祾恩门。但两庑配殿并未修复，外罗城被拆除，宝城花斑石的垛口石被拆后大部分运回了北京，以备其他工程应用。据清乾隆五十二年（1787）档案

定陵祾恩殿御路石雕

资料记载，当时清廷从十三陵运回的花斑之多达500余块。城台两侧的白石门楼也被清基拆除。

民国年间，乾隆时改小的祾恩殿于1913年被一场大火烧毁。日本帝国主义侵华时期，改小的祾恩门也被破坏。

1958年在筹建定陵博物馆期间，曾对定陵陵宫建筑进行修缮，明楼、陵门、陵墙均揭瓦重瓦，棂星门复建了木结构及瓦顶，宝城墙的残坏处得到修补，祾恩殿、祾恩门台基走闪处得到归安，并配齐了雕刻龙凤的石栏板望柱。此后，陵园建筑一直处于日常维护中。

附属建筑

定陵外罗城之前，明朝时左侧建有宰牲亭、祠祭署，右侧建有神宫监、神马房等附属建筑，定陵卫的营房则建于昌平城内。

定陵棂星门

其中定陵祠祭署的建筑布局是，中为公座（办公用的正厅），后为官舍，前为门。神宫监有重门厅室，房屋多至300余间。

清康熙年间这些建筑已成一片废墟。至2010年，宰牲亭仅存血池及部分柱础石。其北左右两侧先后发现有两组正房各为五间、左右厢房各为三间的建筑遗址。其左一组疑为祠祭署前部建筑遗址，右一组疑为陵宫外神厨、神库遗址。再左有遗址一区，残存部分墙基、护坡。遗址区面宽133米、纵深56米，疑为朝房故址。神宫监亦仅存遗址，遗址区长宽各为178.5米，内为农田。前部门址之内存拴马石桩四根，遗址内柱础石、碎砖瓦堆放杂乱。神马房遗址位于神宫监遗址之右，其面宽为64.8米，纵深85.3米，有部分河光石垒砌的墙基保存。陵园其余附属建筑均无遗迹保存。

考古发掘

定陵是十三陵中第一座也是唯一一座按照国家计划主动进行考古发掘的陵墓。然而定陵发掘最开始的目的，却是为发掘明十三陵的首陵——长陵而进行的一项带有"试探"性的发掘。

1955年10月15日，中国科学院院长郭沫若、文化部部长沈雁冰、北京市副市长吴晗、《人民日报》社社长邓拓、中国科学院历史研究所第三所所长范文澜、全国人民代表大会常务委员会副秘书长张苏等6人联名上书国务院总理周恩来，建议发掘明长陵。他们在请示报告中指出：十三陵中，"长陵规模最大，地面建筑也最为完整。从过去几年北京西部青龙桥附近（明代名金山，是妃嫔王子的丛葬区）发现的明正德、万历妃嫔墓的情况（地下五间大殿，厚石壁、青琉璃瓦的建筑）推断，长陵的地下宫殿规模的宏大，是可想而知的……埋藏在地下的宫殿，今天如能使其重见天日，开放为地下博物馆，安装电灯，供人参观，不但可以丰富历史知识，也将使这个古代帝王陵墓成为具有世界意义的名胜……就历史文物说，长陵没有被盗掘的记录。如果明成祖的骨殖及殉葬物全部都被保存，对明初史事的研究将有极大贡献。即使曾被盗掘，剩下的文物也一定不少，金山的明墓就是证据。甚至殉葬物全部被盗，宫殿必然如故，整理一下，也是研究过去帝王墓葬的最完整史料……墓内的历史文物，开发后照原来陈列式样，就地保存，成为长陵博物馆。部分容易变质的文物可用科学方法保护，或者移交国家博物馆，而以仿制品放置原处……清陵是模仿明陵修建的，清陵的地下结构图现在还保存在营造学社的刊物中，作为根据，进行慎重发掘，估计不会有太大困难"。他们建议由科学院和文化部组织人力对长陵地下宫殿进行发掘。

报告转到国务院后，周恩来总理于11月3日批示："原则同意，责成北京市人民委员会协同科学院文化部指定专人议定开发计划送批。"陈毅副总理也指示："科学院主持，文化部、北京市参加为好。"

为指导发掘工作的进行，成立了长陵发掘委员会。委员会由余心清（全国人大常委会副秘书长）、尹达、夏鼐（中国科学院考古研究所副所长）、王冶秋（中央文化部文物局局长）、张季纯（北京市文化局局长）、刘仲华（北京市园林局局长）、吴晗（北京市副市长）等7人组成。发掘委员会下设工作队进行发掘的实际工作。其组成包括赵其昌、白万玉、于树功、刘精义、冼自强、曹国鉴、庞中威、李树兴、王杰9人。

为保证发掘工作的顺利进行，吴晗副市长于1956年3月28日代表中国科学院院长郭沫若召集有关部门会议，讨论了长陵的发掘问题。遵照该次会议精神，北京市文化局文物调查研究组于该月30日派出干部3人前去陵区调查后，提出了先行发掘献陵的意见。

4月13日，吴晗副市长邀集有关人员对文物调查研究组的

定陵隧道门

意见进行了研究，决定由考古研究所夏鼐副所长、文化部文物局文物处陈滋德处长、市文化局文物组朱欣陶主任组成三人小组去陵区现场复勘，决定试掘对象。

4月14日，三人小组对献、定、庆三陵进行了调查，夏、陈二人基于调查情况提出：定陵封土围墙有现成缺口，可进行试掘，如不能顺利进行时再试掘献陵。

就这样，经过反复勘察研究，决定在长陵发掘之前，先对定陵进行试掘。5月，工作队进驻定陵，试掘工作开始。

由于在勘察定陵期间，曾发现宝城南侧外墙皮有几层砌砖塌落，里面有砖砌券门的迹象，所以试掘工作开始后，首先在宝城墙内侧，正对发现有券门的位置挖了第一条探沟。探沟长20米，宽3.5米。在开挖探沟时，工作队在宝城墙内侧正对券门的条石上发现了"隧道门"三个刻字，接着又在宝城墙内侧其他地方的条石上先后发现了"金墙前皮""右道""宝城中""左道""大中"等刻字。这一探沟挖成后，宝城内侧露出了砖砌券门，即隧道门。同时还发现了与隧道门相连的"砖隧道"。根据砖隧道走向略具弯度，有通向明楼之后、向宝顶方向延伸之势的情况。工作队为加快进度，减少出土量，并尽可能地少伐松柏古树，未沿砖隧道继续发掘，而是越过一段，在明楼之后正对着宝顶的方向挖了第二道探沟。

这条探沟宽10米，长30米，深7.5米。在这一探沟中，不仅找到了砖隧道的尽端，而且在砖隧道的尽端发现了刻有"此石至金刚墙前皮十六丈深三丈五尺"16字小石碑。

根据小石碑的记载，留开一段隔梁后，考古人员又向着宝顶方向挖了第三条探沟。这道探沟宽10米，长15米。在这道探沟中发现了斜坡的石隧道。接着在1957年5月，正当发掘工作进行一周年之际发现了"金刚墙"。

至此，玄宫入口被找到了。鉴于定陵的试掘工作已经进入了可以打开玄宫大门的阶段，吴晗副市长于6月6日又向国务院上报了关于增加发掘委员会委员及各组分工的请示意见。6月17日，国务院下发通知，同意了吴晗副市长的意见，决定增加郭沫若、沈雁冰、张苏、齐燕铭、郑振铎、范文澜、邓拓7人为发掘委员会委员。

发掘委员会下分设三组：

第一组，负责总务、保卫、联系等项工作，由北京市文化局张季纯负责；

第二组，负责办理打开墓门后，清理地宫、整修和临时保管地宫文物工作，由中国科学院考古研究所夏鼐负责，北京市文化局协助；

第三组，负责地下博物馆的设计、布置、陈列工作，由文化部文物局王冶秋负责。

9月中旬，拆开金刚墙下"圭"字形开口内的封砌城砖，陆续打开各道石门，开始了玄宫内的清理工作。1958年7月，清理工作基本结束，开始着手出土器物的整理。至此，定陵的试掘工作整整进行了两年零两个月，用工两万余个。在发掘期间，为防止雨水的冲刷，曾在探沟之上搭盖了长60米、跨宽26米的大型保护席棚。为提高出土的工作效率，还采用了以柴油机带动卷扬机、在探沟内安装水塔、用吊斗吊运的出土方法。

定陵的试掘成功了，在地下沉睡了四百余年的地下宫殿终被打开了。它不仅为人们研究明陵的玄宫制度提供了可靠根据，也为人们了解神宗帝后的棺内情况及殉葬品的种类、数量、工艺价值、历史研究价值提供了最宝贵的实物资料。

玄宫制度

地下宫殿，在明代官方文献中称之为"玄宫"或"玄寝"，

玄宫前殿石门

系墓主梓宫（棺椁）及随葬品的奉安之处。其制度由五室、三隧两部分组成。

五室

定陵玄宫由前、中、后、左、右五座殿室组成。

前室，又称前殿，平面亦作纵向长方形，顶高7.2米，面宽6米，进深20米，为纵向的条石拱券结构。承托拱券的左右两壁自平水以下各高3.96米，由9层条石砌成。室内地面铺砌细料方砖，边长0.668米。室内无任何陈设。但其地面在刚刚打开时铺有一层黄松木板，板材的尺度一般在长3.9米、宽0.3米、厚0.1米左右，是安葬帝后梓宫时保护地面用的。木板上留有当年梓宫入葬时龙輴（一种专门用于运送棺椁的车子）车轮压出的车辙（左右两道车辙间距为2.2米）。

中室，又称中殿，位于前室之后。它与前、后、左、右四室相通，在五室中处于枢纽地位。室内平面作纵向长方形，面宽、室顶高同前室，进深32米。室内后部陈设着一帝二后的神座、五供和长明灯。

神座，白石雕刻而成，制如帝后生前所用的御座。皇帝的神座于靠背之上雕有四个龙头，背后雕一整龙，龙头伸向靠背前作戏珠状，靠背内侧，浮雕的宝珠两侧雕饰龙纹。两侧扶手之上也各雕龙头，扶手内外两侧及靠背的外侧则均雕云纹。皇后的神座式同皇帝神座，但靠背及扶手之上各雕凤头，靠背内侧雕饰凤纹。两扶手内侧雕龙纹，其余部分同皇帝神座。

五供，均为黄色琉璃制品，帝后各一套，分置神座之前。每套各有香炉一个，烛台两个，花瓶两个，分置石座上。

长明灯，又称"万年灯"，均以高和口径约为 0.7 米的青花云龙大瓷缸为灯具，上有"大明嘉靖年制"的题款。缸内储油，其表面的油脂凝固在一起，厚 5～6 厘米，经粮食部谷物油脂化学研究所鉴定为蜂蜡，其下为植物油。在油脂之中，各置有灯芯（以植物秸秆数根捆扎，内插铁钎，外敷灯芯草及棉纸），灯芯的下端连以锡坠，锡坠置于缸底中央。灯芯的上端各置有圆形的鎏

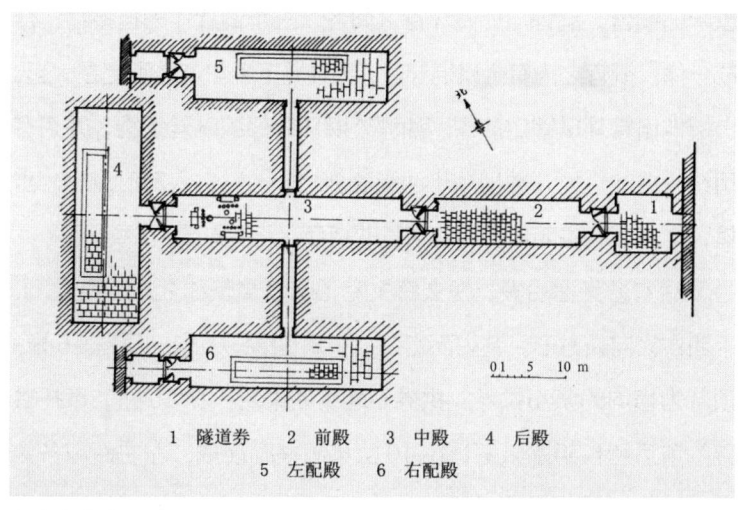

1 隧道券　2 前殿　3 中殿　4 后殿
5 左配殿　6 右配殿

定陵地宫平面图

定陵地宫后殿原状

金铜油漂，漂浮在凝固的油脂表面。油漂的外圈部径 14 厘米，作中空的环形管状。外圈环管之内各置有一高 8 厘米、直径 1.2 厘米的铜管，铜管与外圈环管之间各以三个铜片作为连接物，合成一体。铜管之内有金属棍穿过，金属棍下端与灯芯固定在一起，上端伸出管外以固定油漂。油漂外圈环管部缠以丝织物，并系有用线搓成的灯捻儿数根露于油脂表层之外，以供入葬时点燃。当然，地宫石门关闭后，随着氧气的耗尽，长明灯会自然熄灭。

后室，又称后殿，为玄宫主室（明代文献称之为"皇堂"），平面作横向长方形。室内面宽 30.1 米，进深 9.1 米，顶高 9.5 米。顶部为横向的条石拱券，拱券石均纵联砌置，计 15 路。承托拱券的前后壁自平水以下计由 10 层条石垒砌而成，左右两山各由 21 层条石垒成。每块条石厚 0.44 米，长 1.4～3 米不等。室内地面铺砌着打磨平整的正方形花斑石石板，边长0.81米，里侧居中部位设有宝座（棺床）一座，面宽17.5米，进深3.7米，高0.4米，后部距室壁0.97米。宝座之上铺砌花斑石同地面，周围以汉白玉石镶边，作须弥座形。宝座中央部位留有左右长0.4米、前后宽0.2米的方孔，其内填黄土，是风水术中所讲的"金井"。宝座上陈设着帝后的棺椁及随葬器物箱，神宗皇帝的棺椁居中，覆金井之上，孝端、孝靖两后棺椁分置左右。随葬器物箱多置宝座两端，计有26只，表面均油饰朱漆。此外，宝座右侧偏后的地方还放有孝靖皇后以皇贵妃礼埋葬时随葬的石质圹志及圹志盖，系从东井左侧原葬妃墓迁来。

左、右室，又称左、右配殿或侧穴，对称地设于中室两侧。平面均作横向长方形，面宽各26米，进深各7米，顶高各7.4米，券顶制同前、中、后三室，承托拱券的前后两壁自平水以下各高3.52米，由8层条石垒成。室内地面各铺青白石石板，里侧各设宝座（棺床）一座。宝座形制亦为白石须弥座镶边，长17.4米，宽3.7米，高0.4米。宝座上部平铺方砖，中部亦各设一金井。室内无陈设同前室。

上述五室计设有石门七座。其中前、中、后三室之前位当中轴线之处各一座，这三座石门各于门洞券之前设有石刻的随墙式门楼。门垛下承石刻须弥座（束腰刻玛瑙柱），上承冰盘檐，庑殿式楼顶，檐下有额而无字。门洞券内设对开石门两扇，每扇门各高3.3米，宽1.7米，重约4吨，均为洁白无瑕的汉白玉石雕成，门扇上雕刻有乳状门钉（大部分与门扇一体雕成，只有个别的是刻好后嵌入门扇内），门钉纵横各9行，计为81枚。此外，门扇上还刻有兽头纹饰的辅首衔环。

门扇的上部轴端穿在宽0.84米，厚0.3米的铜管扇内。管扇两端插在门洞券上部的石壁中，长度在3.6米以上。每座门内还各有顶门用的石条，明朝时称之为"自来石"。其中，前室石门的自来石上留有当时人的楷书墨迹"玄宫七座门自来石俱未验"。

左右两室各设石门两座。一座在室前通道内，与中室相通。另一座设于面朝玄宫后部的方向，通达室外。这四座石门，亦属对开门扇形制，但均无门楼装饰，门扇上也无门钉雕饰。其加工制作则均采用青石石料，各高2.2米，宽0.9米，上端亦各设铜管扇。各门之内也设有顶门的自来石。

三 隧

定陵玄宫共设有三条隧道。与前室相通的是主隧道，据发掘资料记载，这条隧道的起点在隧道门的内侧，由砖隧道和石隧道两部分组成。

隧道门由内外两道券洞组成。外券洞设于宝城城墙的下部，位于明楼的右侧，其外侧处于外罗城院内。拆通之前，该券洞的前后两面均像城墙其他部位那样垒砌城砖，不露门洞痕迹。其内部则为砖拱券结构，拱券洞长4.8米、高4.4米、宽3.8米，用砖封实。内券洞设于宝城墙内侧，其内侧为砖隧道，外侧与外券洞连成一体，其上部埋于封土之下。

隧道门在开始发掘时并未拆开，直到1958年9月清理玄宫时，为运料方便才拆开。拆开后在外券洞内发现了一座小石碣，碣上刻有文字："宝城券门内石碣一座，城土衬往里一丈就是隧道，棕绳绳长三十四丈二尺是金刚墙前皮。"石碣上所说的棕绳则早已腐烂，未留痕迹。

砖隧道，从隧道门内侧延伸至明楼之后，与石隧道相邻，其两侧用城砖垒砌成高1.5～2.8米的隧道壁，道宽8～8.6米。砖隧道的尽端终止于一道略呈弧形、由四层城砖砌成的矮墙。

由矮墙往里对着玄宫不远的地方为石隧道的起始处。石隧道的走向通往玄宫前殿，其两侧墙壁除接近金刚墙部分用城砖垒砌外，均以花斑石砌成，且随着隧道的逐步加深，由1层最后递增至17层之多。花斑石石壁上留有一些墨迹如"四月二十六日张青耀""五军八营三司""神机九营七司王宣""山东胡西儿"等，当系参加定陵营建采石的军民工匠或工程验收人员所书。石隧道总长为40米，宽8米。其起始部分与砖隧道并不衔接，也不恰好相对，但砖隧道尽端的矮墙中段有一缺口，明显系帝后梓宫奉安玄宫时所拆，故砖石两隧道实应视为帝后梓宫所经的一条分为前后两段的玄宫主隧道。石隧道的尽端是一道横在其前、下由四层条石作墙基、上由56层城墙垒砌、高8.8米的金刚墙。金刚墙上有黄琉璃瓦檐，下有"圭"字形开口（梓宫葬毕即以砖封砌），里面则是一个与玄宫前殿前壁相连的一个砖券室，即隧道券。它长宽各为7.9米，顶高7.3米，地铺石条，起着保护玄宫前室石门并沟通石隧道的作用。

地宫的另外两条隧道是左、右配殿的隧道，即宝城墙内侧石条上刻写的"左道"和"右道"。其全程走向未经全面发掘而不能详知，但从已发掘的局部情况看，其与左、右两室相接的部分情况与主隧道和前室相接之处的做法基本相同，都有保护石门的砖券顶的"隧道券"，且隧道券的外侧都有横截于隧道之前的"金刚墙"。

出土文物

定陵发掘成功后，出土了各类殉葬品近3000件。这些殉葬品从类别上看，有的属于皇宫内的实用物品，有的属于丧葬礼制用物，另外还有帝后的尸骨等物。

宫廷实用物品

属于宫中实用物品类的出土文物有帝后服饰，饮食起居所用的各种器物、丝织匹料、珠宝、金锭、银锭等物。其质地、造型、制造工艺以及应用的场地各不相同，它们既渗透着封建社会森严的等级制度，又体现着当时能工巧匠的聪明智慧和超凡的技能。

神宗皇帝的冕，出土二顶。一顶出自神宗棺内，另一顶出自随葬器物箱内。冕的形制与《大明会典》所记基本相合，与礼书所记周制的冕冠制度亦一脉相承。其冠卷（帽壳）部分作圆柱形，外蒙以黑纱，内衬以红素绢。冠卷之上覆有前圆后方形状的"綖"（以桐木板为骨，上贴黑素缎，下贴红素缎）。綖的前后各缀有十二串珠饰，古代称为"旒"或"玉藻"。这二顶冕，每旒的丝绳五股均为红色。两顶珠饰配备各不相同，其中一顶每串有白色玉珠三颗，红、蓝、绿玉珠各二颗，余为珍珠；另一顶珠串已散，见存者有红石珠、白玉珠、青玉珠、黄琥珀珠及黑石珠。两顶冕的冠卷内顶部各置有玉衡用来维系冠卷,冠卷左右（玉衡之下）各有钮孔，内穿簪（一顶穿玉簪，但簪头、簪尾分为两段；另一顶穿金簪），以使冕冠能与发髻相插结。此外，冠的两侧还悬有红丝绳和玉瑱（又称"黈纩充耳"）。冠卷的下部有冠圈，名为"冠武"，以金箔制成。其左右部位设钮孔，穿丝带，以备戴用时系于颔下。冕冠的总体形象呈前低后高之式。

神宗皇帝的皮弁，出土仅一顶，出自神宗棺内。出土时已残坏，但形制仍清晰可辨。此冠以细竹丝为胎，内衬红素绢，外敷黑纱，前后各有十二缝（前后缝连在一起），缝内各钉包金竹丝缕，并缀以玉珠九颗（红色三颗，白、绿、黑各二颗）、珍珠三颗。导以玉簪，系以红色绦带，与《大明会典》记载的皇帝皮弁冠基本相合。

神宗皇帝乌纱翼善冠，出土二顶。一顶戴在神宗头上，另一顶出自神宗棺内的圆形冠盒内。其中冠盒内的出土时已朽坏，仅有金饰件保存。神宗头戴的那顶，形制与《大明会典》记载相同。冠以细竹丝作胎，内衬红素绢，外敷黄素罗，再外以双层黑纱作面。冠形由"前屋"和"后山"两部分组成,前屋较低,后山隆起。后山之前饰有花丝镶嵌工艺的二龙戏珠图案,二龙均作飞腾状的"行龙",其尾部绕于后山之后。龙身以金垒丝编结为鳞,龙首、鳍、爪均打制而成。两龙各嵌宝石14块、珍珠5颗。二龙之间的"宝珠",采用金制花托镶嵌珍珠的做法。前屋与后山的交界处还饰有金制的镂空束带,其中心部位作束结状,左右各嵌绿宝石一块。冠后插有两片向上弯曲的"金折角",折角作圆翅形状,边沿处以金片卷制,中为黑色细纱,折角的插座作倒"八"字形固定于冠后偏下位置。插座作筒形,外侧各有"升龙"及"三山"图案,龙的上部雕有文字,一为"万",一为"寿"。明朝时,大臣常服也有乌纱帽,但其两翅却是左右分置平伸,冠上的装饰也极为简单。

神宗皇帝的金丝翼善冠,出土一顶。出自神宗头侧的一个圆盒内。这顶金冠虽然也属于皇帝常服冠戴,但制作工艺技巧登峰造极,达到了炉火纯青的地步。冠重826克,高24厘米。直径17.5厘米。其样式与乌纱翼善冠一样,分"前屋""后山"和"金折角"三部分,但全系金制,又与乌纱翼善冠不同。其前屋部分,以518根0.2毫米细的金丝编成"灯笼

定陵出土神宗皇帝金丝翼善冠

空儿"花纹。由于当时的工匠技艺纯熟，所编花纹不仅空档均匀、疏密一致，而且无接头、无断丝，看不到来龙去脉，有如罗纱般轻盈透明。后山与折角也全用金丝编成，编织形式同前屋。后山部分组装有二龙戏珠图案的金饰件，其中二龙的头、爪、背鳍和二龙之间的火珠，全部采用阳錾工艺进行雕刻，呈半浮雕效果；龙身、龙腿等部位则采用传统的掐丝、垒丝、码丝工艺进行制作，每个鳞片均以金丝搓拧成的花丝制成，然后码焊成形。由于工匠焊接时火候掌握得恰到好处，如此复杂的图案装饰，却不露丝毫焊口痕迹。

皇后的龙凤冠，共出土四顶，分别为"十二龙九凤冠""九龙九凤冠""六龙三凤冠"和"三龙二凤冠"。

这四顶龙凤冠有两个特点：一是龙凤数量均与《大明会典》记载不同，这说明明代宫廷礼服并不一定都完全照《会典》规定的礼制去做；二是四冠均造型奇巧、制作精美，并装饰有大量的珍珠宝石。

例如孝端皇后的六龙三凤冠，龙全系金制，凤系点翠工艺（以翠鸟羽毛贴饰的一种工艺）制成。其中冠顶饰有三龙：正中一龙口衔珠宝滴，面向前，两侧龙向外，作飞腾状，其下有花丝工艺制作的如意云头，龙头则口衔长长珠宝串饰。三龙之前，中层为三只翠凤，凤形均作展翅飞翔之状，口中所衔珠宝滴稍短。其余三龙则装饰在冠后中层位置，也均为飞腾姿态。冠的下层装饰大小珠花，珠花的中间镶嵌红蓝两色宝石，周围衬以翠云、翠叶。冠的背后有左右方向的博鬓，左右各为三扇，每扇除各饰一金龙外，也分别饰有翠云、翠叶及珠花，周围缀以左右相连的珠串。

整个凤冠通高为35.5厘米，冠底直径约20厘米，重2.91公斤。共嵌宝石128块（其中红宝石71块、蓝宝石57块），装饰珍珠5449颗。由于龙凤珠花及博鬓均左右对称而设，而龙凤又姿态生动，珠宝金翠色泽艳丽，光彩照人，所以这顶凤冠给人以端庄而不板滞、绚丽而又和谐的艺术感受，皇后母仪天下的高贵身份因此得到了最佳的体现。

神宗皇帝的衮服，出土共五件，其中刺绣三件（一件著神宗身上，余出自神宗棺内）、缂丝二件（出自神宗棺内）。它们的共同特点是：服装样式与《大明会典》所载有较大出入。即并非为"上衣""下裳"的组合方式，而是采用袍式。这种袍式的衮服，虽不见于文献记载，但却见于明朝自英宗而后的皇帝画像中。画像中与此种衮服相配合的冠都是乌纱翼善冠，这与神宗入葬的服饰恰好一致；衮服上均有《大明会典》所载的十二章图案。其中十二团龙的分布是左右肩各一、前后身各三、左右两侧各二。此外还有日、月分布于两肩，星辰、山脉分布于后背，华虫饰于两袖，宗彝、藻、火、粉米、黼、黻分别饰于前后襟的团龙两侧；织造之精均不同凡响。以缂丝衮服为例，织造时不用大型织机，而是采用通经断纬、小梭挖织的技术，故而具有独特的民族风格。其所用织造材料尤为珍贵。特别是大量地采用赤圆金织纬，是历代缂丝织物中极少见的。而大面积地采用孔雀羽绒缂制龙纹，则使衮服金翠相映生辉，倍显华丽。此外衮服还使用了蓝、红、绿、黄等28种彩绒。其中经线全为强捻丝线，每厘米的地子用22根，纬线全为不加捻的彩绒，每厘米多达100根，经过这样的色彩搭配和工艺处理，使衮服的色泽更加富丽堂皇、庄重大方，从而达到了艺术形式与思想内容的完美统一。

孝靖皇后的百子衣，出土二件。一件为红素罗绣平金龙百子花卉方领女夹衣，另一件为红暗花罗绣"万寿"字过肩龙百子花卉方领女夹衣，均出自孝靖皇后棺内中部。

这两件百子衣，均方领，对开襟。从图案的设计看，所绣百子画面精彩生动。各组画面上的童子从1到6人数不等，共组成40余个场面。每个场面儿童的嬉戏方式和神情各不相同，有的斗蟋蟀、戏金鱼，有的练武、摔跤、踢毽子，有的爬树摘果，有的站凳采桃，有的放风筝、玩陀螺，有的放爆竹、捉迷藏，有的扮作教书先生处罚弟子，有的学武松打虎姿态揪打花猫……儿童天真活泼的神情刻画得惟妙惟肖、淋漓尽致。此外，两衣的前后襟及两袖还以金线绣有九龙，其姿态有升、有行、有坐，富于变化，体现出了明代宫廷艺术中龙的造型特点。百子图案之间则点缀以象征吉祥如意的金锭、银锭、方胜、古钱、宝珠、犀角、珊瑚、如意等杂宝图案，以及由桃花、月季、牡丹、荷花、菊花、梅花等花卉组成的春、夏、秋、冬四季景。整个图案变化多彩，寓意着皇家子孙万代、多福多寿。衣料的配色尤见匠心独运，整体色调以正色为主，在朱红色的地子上配以枣红、水红、粉红、普蓝、藏青、浅蓝、月白、艾绿、黄绿、茶绿、孔雀绿、中黄、宫黄、驼黄、山茶黄、驼灰、浅褐、牙白等不同色调，取得了金彩夺目的艺术效果。从两衣的刺绣技术上看，其针法的运用，包括有穿丝针、抢针、网绣、铺针、平金、斜缠、盘金、松针、打籽、扎针、擞和针等11种，丰富多变的针法大大加强了刺绣的艺术表现力。

神宗皇帝的玉革带，出土10条。其中一条系于神宗腰部，其余出自神宗棺内及随葬器物箱中。带上所饰玉銙有20块、13块、12块及9块四种不同情况。其中20块和13块玉銙的革带是明朝时服用衮冕服及皮弁服时系束的，缀有20块玉銙的革带，其玉銙的排列和名称是：处于腰围前面正中一块稍大的长方形玉銙，与其左右两块竖式窄条形的小玉銙，合称为"三台"（该处为革带前半圈左右两段的合口处）；两侧左右各排有三块桃形玉銙，名为"圆桃"；圆桃之后又各有一小块竖式窄条形玉銙，分称"辅""弼"（处于腰部左右位置，为革带前后两个半圈的接口处）；辅弼之后，在前半圈革带的左右尾端分饰有一前为方形后为弧形的长条形玉銙，名为"鱼尾"；革带的后半圈饰方形玉銙七枚，依次而排。13块玉銙的革带的制度始于嘉靖时期。定陵出土的玉带，玉质纯正，白玉细腻滑润，碧玉光洁明亮，均为上等玉料。饰有20块玉銙的一条白玉玉带，在"三台"正中的玉版侧面有描金刻字："大明万历丙午年制"。

神宗皇帝的"大碌带"，出土一条，出自神宗棺内，因带下有黄色绢条，上有墨书"宝藏库取来大碌带"而知其名，亦为革带的一种。其上饰有镶珠宝金銙20块，金銙的样式及排列顺序略同玉带。大碌带的珍贵之处在于其每个金銙的中心部位都镶嵌着大块的"祖母绿"宝石，周围还嵌有石榴子红宝石及珍珠。

神宗皇帝的镶猫睛石金簪，出土多达56件，簪上多镶嵌宝石、珍珠是其特点。其中有14件簪嵌有"猫睛石",价值尤为珍贵。猫睛石,又称"猫眼石"或"猫儿眼",属具幻光性的金绿宝石亚种。该种宝石,"一线中横,四面活光,轮转照人",酷似猫的眼睛。其产地在国外,明朝时均来自细兰国(又作"锡兰国",即今斯里兰卡)。当时一块大如指面的猫睛石即价值千金。

孝端皇后的镶珠宝玉龙戏珠金簪,出土共有38件。这些金簪的簪顶装饰奇巧,别具一格。其表现的题材既有花、蝶、蝉等动植物类型,也有佛像、"卐"字、"寿"字、"万寿"字、"佛"字等宗教或其他类型的吉祥图案。簪顶用料除金制花丝饰物以外,还有宝石、珍珠及玉制品。在这些金簪中,装饰最华丽、造型最优美的要数镶珠宝玉龙戏珠金簪了。这件金簪通长27.5厘米,顶长5.2厘米、宽9.2厘米,重171克。簪的顶部做一个镶有镂孔缠枝牡丹花白玉饰物的金托,上面有一组造型生动的"玉龙戏珠"饰件。玉龙用晶莹的白玉雕成,其额头嵌有一块猫睛石,两块红色的宝石分置左右为两目,口悬珠宝滴,蹲伏于嵌宝石白玉牡丹花饰上,看上去大有蓄势欲腾之态。玉龙的对面饰有描金绿玉火珠,珠的中心部位嵌有一颗闪闪发光的珍珠。火珠之下也有嵌宝石的白玉牡丹花及翠云等装饰,与玉龙相映成趣。金托之下装饰有珍珠、宝石编缀而成的菱形网孔的网坠。这件金簪共嵌有红、蓝、绿及猫睛石等宝石80块,珍珠107颗,这些珍宝与金托、玉龙相配,粲然成章,堪称簪饰中的精品。

孝靖皇后的镶珠宝塔形金簪,出土计41件。簪顶装饰多取材于佛像、仙人、鸟兽、虫、蝶等物。其中有一取材佛塔的金簪别具特色。此簪通长8.6厘米,顶长5.7厘米、宽3厘米,重19.5克。簪身作扁锥形,簪顶饰物为一金制的花丝镶嵌工艺的喇嘛教式佛塔。塔的造型别致精巧,塔身作覆钵形状,上部圆浑粗壮,下部于正面开有一个小小的如意形"眼光门"(又作"焰光门"),里面安有一座立佛。佛像双手合十,形象自然。塔身之上又有塔刹,其下部在刹杆上饰有三圈金片制成的相轮,再上为圆盘(又作"承露盘")。盘周垂流苏,上为嵌有珍珠的金制火焰宝珠。塔身之下为塔基,其造型为金饰如意云嵌宝石上托围栏的形制。此塔高仅5.8厘米、宽仅3厘米,但构思完整、做工精细,仅填丝所用花丝就达1500多个,而每个花丝都是用直径为0.18毫米的金丝掐制成的长为0.9毫米的小卷草纹,可谓填丝工艺的绝品。

金环镶宝玉兔耳坠,出自孝靖皇后棺内,系孝靖皇后的随葬耳饰。孝靖皇后的这件耳坠,通高5.8厘米,重5.5克。其用于贯穿耳部的金环为圆形,其下连缀有一个高仅2.4厘米的玉兔坠饰,玉兔的造型取材于古老的"玉兔捣药"神话传说。这件耳坠的设计十分巧妙:白玉雕成的兔子垂直站立,前面两肢合抱一玉杵,似在举杵用力捣药,杵下雕有玉臼。玉兔的头顶上镶有一颗红宝石,作为金环与玉兔之间的过渡性装饰。玉兔的下肢,双爪踏着一组镶宝金制"祥云"。这组云朵由三个云片组成,每个云片以金托双面镶嵌宝石。宝石的种类有红宝石,还有猫睛石,玉兔的双目则以小米粒大小的红宝石点缀,显得炯炯有神,其构思不同凡响,真可谓是生花之妙笔。这样的精品在我国古代首饰设计史上也是不多见的。

神宗皇帝及两皇后的玉佩，共有7副（每副2件）。2副出于神宗棺内，其余出自随葬器物箱。佩的形制大致为二类：一类大体与《大明会典》所记相同或相近。这类玉佩有5副，其中有一副出自神宗棺内，与《大明会典》所载最为接近。其不同之处仅为玉件的瑑饰纹饰为云凤及牡丹花，而非云龙。另外该玉佩的冲牙形状与玉珩相似，也是一显著特点。玉佩通长为55厘米，除珩、璜、琚、瑀、玉花、冲牙、玉滴等，还串有玉珠291颗，玉珠、玉饰件均用白玉琢磨而成。其余4副形制均比《大明会典》所记更为复杂。其中出自神宗棺内的另一副玉佩，通长79.5厘米，所缀玉饰共19件，分为七排连缀，并串有玉珠373颗，是其中最复杂和最大型的一副玉佩。另一类玉佩当系皇后日常所用玉佩，计有2副。玉件以花、鸟、虫、鱼之属的造型为主，形制较为特殊。各玉佩出土时均装在黄纱袋内，佩钩露于袋外以便悬挂。明朝这种玉佩带袋悬挂腰间的做法始自嘉靖时期，明沈德符《万历野获编》记载："凡大朝会时，百僚俱朝服佩玉。殿陛之间，声韵甚美。嘉靖初年，世宗升殿，尚宝卿谢敏行以故事捧宝逼近宸旒。其佩忽与上佩相纠结，赖中官始得解。敏行惶怖伏罪，上特宥之。命自今普用佩袋，以红纱囊之。"定陵出土的玉佩及佩袋说明这一做法直到万历时仍在沿用。

神宗皇帝的红四合如意云龙纹地织金妆花龙云肩通袖龙襕缎袍料，出自神宗皇帝棺内，系"织成"袍料。这是一种按照袍服各个不同部位的实际尺寸和设计纹样，分成若干片段，织造在同一匹料上的特殊丝织匹料。"织成"袍料的优点是料面设计准确，便于剪裁缝制。制作龙袍时，只要将料上织好的部位剪下来，依式拼缝在一起就行了。这种织成料不仅满足了御用袍服的特殊纹饰的要求，也减少了原材料的浪费。定陵出土的丝织匹料多达180余件，其中袍料为53件，全部采用的是"织成"做法。这件龙袍料，长达18.95米，幅宽0.695米，计有9个裁剪口。它以织有红色四合如意云纹和龙纹的缎织物为地，采用织金妆花工艺织出柿蒂形龙云肩、龙领以及12道龙襕。柿蒂及龙襕内的图案以"子孙龙"（大龙、小龙组合在一起）为主题，大龙用金线织造，呈戏珠之状；小龙则分别以金、黄、红、蓝、绿五色饰之，布列在大龙周围。柿蒂周围及袖端还织有海水江牙图案，大龙、小龙在飘逸的如意云云海中飞腾升降，给人以生机盎然之感。

金锭，共出土103锭。各锭大小不一，大者重十两，小者二三两。形状均两头大，中间小，略似船形。大金锭大多在底面或正面刻有铭文，也有的贴有纸签。铭文内容一般为解送金锭的省份、年代，金的成色、重量以及委官、金户和金匠的姓名。如神宗皇帝尸下一锭刻："云南布政司计解万历叁拾肆年分足色金壹锭，重拾两。委官都事吴绥、金匠沈教、金户全义。"铭文均为阴刻。据铭文可知，定陵出土的金锭，除顺天府的大兴、宛平两县外大多来自云南。

银锭俗称"银元宝"，分别出自帝后棺椁内，计65锭。重量不等，有五十、三十、二十和十两四种，其中以五十两一锭的最多。银锭的上面、侧面或底面大多錾刻铭文。铭文的内容有解送银两的府、州、县，年代及银锭重量，有的还刻有知州、知县和银匠的姓名。帝后银锭的解地不尽相同，神宗的大都是江西各地，孝端后的来自浙江，孝靖后的来自苏州。

大金盆，定陵出土的金盆共有九件，分别出自帝后棺内及器物箱之中。盆上一般刻有云纹及龙戏珠、龙赶珠图案。其中三件为素面，但卷沿内分别置有可以滚动的金属球，金盆摇动时，珠与盆沿相碰，可不时发出清脆响声，其设计制作可谓别有新意。三盆中有一盆刻有铭文："大明万历庚申年银作局制金盆一个重八十两。"

金托玉爵，出自神宗棺内。爵用白玉琢成，器身略呈元宝形。器腹呈椭圆形，内深，可容酒。其前部较长，尖头，称为"流"，是对口饮酒的部位。其后部呈圆头，稍短，称为"尾"。器腹的左右壁对称地琢有一对突起的圆头，名为"柱"。器腹右壁之外琢有把手，名为"鋬"。器身下有三腿，名为"足"。此爵基本形制前承古制，流、尾、柱、鋬、足俱备，其装饰图案尤极为精妙。特别是爵鋬的设计制作，匠心独运，可谓构思不凡。爵鋬的造型是一条龙。龙的前爪在上，攀住爵沿，头部上伸，口贴爵柱根部。龙的后爪在下，左右分开，紧抓爵壁，龙尾上卷。龙的腹部则呈弓起之形，呈

定陵出土金托玉爵

蓄势跃起之态。这样的设计不仅使玉龙活灵活现，极为生动，也使龙腹与爵壁之间有了一个可容一指插入的空隙。爵的"流""尾"外壁的雕饰也很别致，其图案各为一条正面龙。两龙的前爪上面分别琢有"万"字和"寿"字，周围还雕饰朵朵祥云，使这一高仅11.5厘米的小玉爵充满了宫廷的庄严祥瑞之气。玉爵之下是配套的圆形金托盘，其中部有一遍刻山纹的圆墩，上设三孔以安插爵的三足。周围则有浮雕效果的二龙戏珠图案，并且镶嵌有26块红蓝宝石，金宝生辉，愈显玉爵的精致与华贵。

专用丧葬仪物

定陵出土为帝后丧葬而专门制作的仪物有谥册、谥宝、圹志、冥器、木俑、棺椁等。

谥册、谥宝，定陵计出土谥册7副、谥宝4件，均出自随葬器物箱内。谥册有檀香木和锡制两种，册版均为长方形。木制的每副各10块组成，文字为阴刻。锡制的保存较完整的每副计有8块，均为朱砂格和朱砂字。谥册中属于神宗皇帝的有一副木制的，系嗣皇帝光宗朱常洛所上。神宗的册文中除了大量的溢美之词外，有"请命于天，敬奉册宝"之句。属于孝端皇后的有3副，其中木制的为2副，一为神宗所赠，一为其孙熹宗朱由校所上，锡制的1副为神宗所赠。属于孝靖皇后的为2副，一为木制，一为锡制，均为朱由校所上。另外有一副锡谥册因残坏严重，已分辨不出谥册所属何人。谥宝，皇帝皇后各1件。均为梨木制成，宝上分别篆刻帝后谥号，并有龙钮。此外还有一件已残，所属何人不可辨。

圹志1件，系孝靖皇后故去后以皇贵妃礼葬东井左侧坟园时的圹志。孝靖皇后迁葬定陵，随之迁奉于定陵地宫。圹志由志石、志盖两块方形石刻合成，志盖刻篆文"大明温肃端静纯懿皇贵妃王氏圹志"，志石楷书阴刻正文。志文记述了孝靖皇后的生、卒、封妃、安葬日期，可借以印证文献，具有颇高的史料价值。

冥器，又作"明器"，定陵出土有铜、锡两种。是帝后故去后按照生前所用卤簿器物名件缩小制作的模型，供帝后的灵魂在阴间享用。其中铜冥器60件，全部为素面鎏金。品种有水罐、水桶、水勺、水盆、唾盂、唾壶、盘、勺、漏勺、笊篱、箸、香盒、香炉、香靠、香匙、烛台、油灯、剪刀、火炉、交椅、脚踏等。器物上分别贴有墨书纸标签，标明器物的名称和数量。锡冥器数量较多，共370件。其品种有酒注、爵、花瓶、看瓶、柱瓶、酒瓶、水瓶、茶瓶、油瓶、冰浆瓶、茶壶、唾壶、酒缸、酒瓮、水罐、盖罐、酒盂、漱盂、唾盂、水桶、水盆、茶钟、碗、盘、盏、托子、香盒、印池、宝池、宝匣、香炉、灯台、烛台、交椅、莲蓬、荷叶、海棠、花等。这些冥器对研究明代宫廷用具的形制有重要的参考价值。

木俑，出土有人、马两种，均木制，计300余件，出自随葬器物箱内。其中人俑数量最多，多为宫廷内侍形象。马俑鞍辔齐备，备有铜制的马镫、铃铛等物。这些木俑反映了明代宫廷服饰的部分情况。

此外，还有铭旌、龙幢、玄武幢、幡、车模型、轿模型、黄色纸钱,以及铸有"吉祥如意"或"消灾延寿"文字的金钱。这些出土文物反映了明代宫廷的一些丧葬礼俗。

帝后棺椁,每人各有一套。古称其为梓宫,均以木料制成,油朱漆。其安置情况为棺在内,椁在外,棺置于椁内。棺椁均前大后小,椁的底部左右各安有两个铜环,以备穿绳抬举。棺椁用材不尽相同:万历帝、孝端后的棺木系楠木制成,孝靖后的棺及帝后之椁均用松木制成。地宫打开时,只有万历帝、孝端后的棺木残坏尚不甚严重,孝靖后的棺木腐朽严重且已坍塌,椁的损坏情况尤其严重。三椁之中,仅万历帝的椁的结构、尺寸尚较清楚,二后之椁则均腐朽尺寸难辨。

帝后尸骨

棺木打开后,帝后尸体的肌肉早已腐烂,但骨架完好。骨架上着有袍服,且仍保持着死者入殓时的原有姿势。其中万历帝骨架两脚不齐,右腿骨微内缩,是因万历帝生前右足有疾所致。

发掘工作结束后,中科院古脊椎动物与古人类研究所的工作人员,曾用近一年的时间将帝后骨架分别用铁丝穿连,组成完整骨架。1966年8月27日,定陵博物馆的红卫兵于当天下午5点25分,将帝后骨架由文物库运至定陵门前广场上,召开批斗会,将骨架全部砸碎焚毁。

庆 陵

庆陵位于黄山寺二岭南麓，是明朝第十四位皇帝光宗贞皇帝朱常洛和皇后郭氏、王氏、刘氏的合葬陵寝。

墓 主

光宗贞皇帝朱常洛

光宗贞皇帝朱常洛，神宗长子，万历十年（1582）八月十一日生，万历二十九年（1601）十月十五日立为皇太子，万历四十八年（1620）八月二十八日即皇帝位，九月二十六日逝于乾清宫，年39岁，谥"崇天契道英睿恭纯宪文景武渊仁懿孝贞皇帝"，天启元年（1621）九月初四日葬庆陵。熹宗即位，改万历四十八年（1620）八月以后为泰昌元年。

朱常洛在位时间极短，仅为一月，是明代享国最短的皇帝。

他一生经历坎坷。首先是神宗有意立郑贵妃所生的皇三子朱常洵为皇太子，所以他虽是神宗的长子，但却迟迟不能被立为皇太子，直到后来慈圣皇太后亲自出面干预，他的皇太子身份才被确定下来。

其次是郑贵妃一直恃宠在暗中策划谋取皇太子之位，甚至不择手段对光宗进行谋害。

光宗在当太子的时候，侍卫不过数人，且常有托疾不去者。所以，万历四十三年（1615）五月初四日，太子居住的慈庆宫发生了一起惊人的事件。那天傍晚,有个手持枣木棍的男子,居然打倒守卫宫门的内臣,一直闯到前殿檐下,才被内官捉住。后经法司会审,案情大休清楚,原来这个案子与郑贵妃的内臣有关。此案由于神宗的干预,没有彻底查清就早早了结。《明史》称此案为"梃击案"。

此后,在光宗当了皇帝后,又有一件案子与郑贵妃有关。光宗刚刚登基10天,就身染重病。这时,有郑贵妃的心腹内医崔文升给光宗看病。他故意让光宗服下了含有大黄成分的凉药,致使光宗腹泻不止,病势更加严重。接着,又有鸿胪寺丞李可灼自称有"仙丹"可治皇上之病。光宗初服一丸,觉暖润舒畅,思进饮食,再服一丸,竟在当天夜里死去。《明史》称此案为"红丸案"。

光宗在短暂的帝王生涯中,虽然在朝政上没有什么大的更新举措,且大部分时间是在病榻上度过的,但也做了两件于朝有益的事。一是遵奉遗诏,罢除派往各地的矿监税使,起用万历年间因建言而获罪的大臣。这一举措无疑对减轻人民的负担和维护朝政的稳定,具有一定的积极作用。二是起用刘一燝、韩爌等东林党人入阁参与机务,并召还曾经翼护过自己的致仕内阁大学士叶向高,使以方从哲为首的浙党势力有所削弱,为东林党人在天启初年的参政活动奠定了基础。

孝元贞皇后郭氏

孝元贞皇后郭氏,顺天府人,博平侯郭维城女,万历二十九年（1601）册立为皇太子妃，万历四十一年（1613）十二月二十四日去世，谥"恭靖端毅温惠皇太子妃"，在宫中停尸二年，犹未择墓地。直到万历四十三年（1615）六月，始命司礼监官梁栋与工部官员择地于天寿山陵区内泰陵园后长岭之前。七月二十八日兴工建坟，十二月十二日入葬。熹宗即位，上尊谥："孝元昭懿哲惠庄仁合天弼圣贞皇后"，迁葬庆陵。

孝和皇后王氏

孝和皇后王氏，熹宗生母，顺天府人，新城伯王钺女，初为光宗东宫时选侍，因生熹宗，于万历三十二年（1604）三月封为才人。万历四十七年（1619）三月二十三日去世，谥"昭肃恭和章懿才人"。万历四十八年（1620）七月初一日，神宗降旨内阁，提出祔葬郭妃坟园之侧的意见。后经工部实地察看，郭妃坟园规制狭小，未能入葬。直到熹宗即位，才与光宗一起葬入庆陵，并上尊谥"孝和恭献温穆徽慈谐天鞠圣皇太后"。

孝纯皇后刘氏

孝纯皇后刘氏，崇祯皇帝生母，宛平（今属北京市）人，追封瀛国公刘应元女，母徐氏。刘氏入宫，初为淑女，万历三十八年（1610）十二月生崇祯皇帝，后因失光宗意，被打入冷宫，不久病死。光宗恐被神宗知道，命人秘葬京西金山。光宗即位后，追封刘氏为贤妃。崇祯帝即位后，上尊谥为"孝纯恭懿淑穆庄静毗天毓圣皇太后"，迁葬庆陵。

陵寝选址与营建

庆陵的营建在光宗皇帝逝世之后，其所在地有"景泰洼"之称，这个名称的由来是因为这里曾修建过景泰皇帝的寿陵。《明英宗实录》记载，景泰七年（1456）二月二十一日，景泰帝朱祁钰的皇后杭氏病故。二十五日，景泰帝命太监曹吉祥、保定侯梁瑶、工部右侍郎赵荣督工建造寿陵。地宫建成后，于六月十七日葬杭氏于陵内。

天顺元年（1457）正月十七日，明英宗复辟，景泰帝被废为郕王。二月十九日郕王朱祁钰病重，被太监蒋安用帛勒死，以王礼葬于京西金山。后宪宗朱见深以叔父"戡难保邦，奠安宗社"有功，为他追尊了帝号，又将王坟改建为帝陵，世称"景泰帝陵"。而天寿山陵域内的景泰帝寿陵，则被英宗于五月十一日命工部尚书赵荣率长、献、景三陵陵卫官军5000余人拆毁。

庆陵的位置虽系原景泰帝寿陵的故址，但也经过了一番慎重的选择和反复斟酌，才确定了陵寝建筑的具体位置。

《明熹宗实录》记载，泰昌元年（1620）十月初十日，熹宗命大学士刘一燝和礼部尚书孙如游前往天寿山卜选陵地，经反复察看,选得了黄山寺二岭(又名"皇山二岭"),熹宗即命择日兴工。

天启元年(1621)正月十九日,庆陵正式启土动工。在开穴过程中遇石,御史傅宗龙认为不可用。礼部集群臣会视,众人疑虑不敢确定。有人提出,将开穴地点右移,也有人提出位置应该前移。随后,大学士韩爌奉命带领精通风水术的制敕房中书官陈明晰前往陵地复视。于是,在所拟移前处开穴,发现了风水术书中所讲的"五色土",工程人员随即"定穴置标"动工建陵。

庆陵自天启元年(1621)三月定穴营建,历时四月,至七月二十九日玄宫合龙门,九月初四日葬光宗及孝元、孝和两位皇后。以往各陵玄宫均砖石并用,而庆陵则全用石料,且"后、中、前殿,重门相隔",工程质量颇为精细。陵园从开始营建到玄宫落成,共耗帑银150万两。

玄宫内设有安放帝后棺椁的棺床(宝座)。据《酌中志》记载,天启元年(1621),修建庆陵玄宫时,棺床的设计正好容纳光宗皇帝和孝元、孝和两位皇后的棺椁。负责陵园营建的内官监管理王敬、翟应奎创议于设计尺寸之外,加尺若干。结果,到了天启七年(1627)十二月迁葬孝纯皇后刘氏(崇祯帝生母)时,棺床恰好容纳一帝三后的棺椁。

庆陵的地上建筑从天启元年(1621)动工,到天启六年(1626)六月工程全部结束。其整个工程用银,文献没有记载,至天启三年(1623)正月,庆陵地面工程用银已达70万两。

庆陵背后的黄山寺二岭,系天寿山西峰延伸出来的山脉。宝城之后,有连续两座圆浑美丽的山峦与天寿山西峰相连。陵东有献陵、长陵、景陵等陵后山为龙砂，陵西有裕陵、茂陵等陵后山为虎砂。其中，献陵后山延伸来的山岗环抱于陵园宝城前，形成陵园近案，稍远处有庆陵村东南小山岭为朝山。陵园两侧山壑间水流合抱宝城之前，经地下涵洞前行后，经明沟右转绕经陵前，前行后左转再次绕经陵前，最后注入灰岭口、贤庄口水流。

陵寝建筑

庆陵的陵宫布局仿献陵，单体建筑取法昭陵而更为华丽。

神道

庆陵神道从裕陵神道小石桥西向北分出，长约 20 米。明朝时建有单空孔桥一座，桥后建神功圣德碑亭。陵宫前后两院之间也有神道相通，其南端设并列单孔石桥三座，与前院后门相对。清乾隆五十年至五十二年（1785—1787）神功圣德碑亭拆改情况同

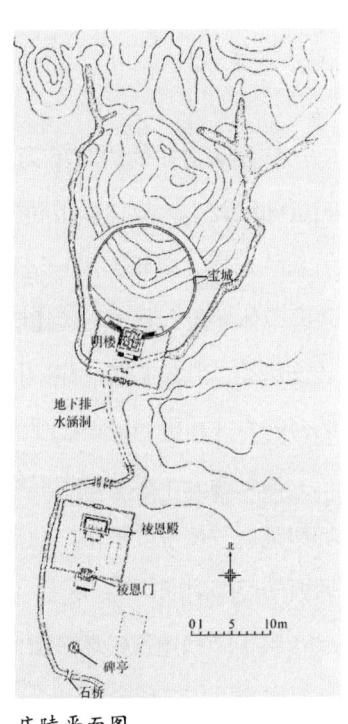

庆陵平面图

昭、定等陵。至2010年，陵宫第一进院落前神道路面已不存。神功圣德碑完好状况同定陵，其台基陡板部分用砖。碑亭前单孔石桥，桥栏已毁，2003年至2006年修缮时依据残件补齐。

两进院落之间的神道路面保存较好。中御路部分包括牙子砖在内，宽1.6米，以边宽为0.46米的细料方砖铺砌；两侧散水，包括外侧牙子砖在内，各宽1米，横铺城砖。在贴近第一进院落后门处，有三座并列建造的单孔石桥，原来石栏杆均已毁坏。附近遗存有栏板及二十四节气式和海石榴头式的望柱，修缮时按海石榴头式的望柱装配齐全。

陵宫

庆陵陵宫占地约2.76万平方米。因该陵龙砂环抱在宝城前，明堂面积较小，故总体布局初拟仿昭陵，经大学士刘一燝复视改仿献陵布局，将陵园第一进院落和第二进院落分建于龙砂前后。陵园单体建筑则制仿昭陵建造，其中琉璃建筑（琉璃花门、照壁）装饰华美，胜过昭陵。陵园排水设施采用地下涵洞和排水明沟相结合的方式，更为精美壮观。

清乾隆五十年至五十二年（1785—1787）陵园建筑得到修缮，其建筑拆改情况同景陵。此后，因年久失修，裬恩殿、裬恩门先后毁于民国时期。

鉴于陵园建筑残坏严重，2003年至2006年十三陵特区办事处对庆陵进行了抢险修缮。

庆陵远景

　　明楼顶部原来除角梁尚存外，斗拱等木构件全部坠落，露出实心的砖砌顶。修缮时，将斗拱等构件重新设计补配齐全。明楼内乾隆五十年至五十二年（1785—1787）增构的石条券顶及明代所树圣号碑保存完好。

　　宝城内宝顶前拦土墙，外层墙皮原来全部坍塌，修缮时全部补砌整齐。月牙墙下随墙式琉璃照壁，原来的须弥座全被残碎砖瓦掩埋，壁身及檐部琉璃构件仅存右侧一段，壁心中部原有的琉璃盒子，已破碎坠地。修缮时琉璃构件全部配齐。

　　宝城前的两进方院，彼此不相连接。前方第一进院落，陵墙墙体基本完整，形制同前述各陵。其顶部原来瓦饰残坏较严重，修缮时墙顶全部重瓦。

　　祾恩门，明代所建台基仍保存，其上柱础石全无，但阶条石内留有明代为安放柱础石而凿刻的柱础窝,因此,明代原制仍可看出。此外,门内还保留有明代台阶土衬石1块。台基之上,乾隆五十年至五十二年(1785—1787)缩建的祾恩门小台基保存较完整。其上左右山墙均倒塌过半,但12块柱础石及6块门砧石,布列齐整,且未损坏。遗址遗物显示,祾恩门明朝原制为面阔三间(通阔17.55米),进深二间(通深8.24米),乾隆时缩小营建的祾恩门,面阔、进深间数未变,但通阔缩减为12.35米,通深缩减为6.1米。

祾恩殿保存有明代台基、月台及乾隆五十年至五十二年(1785—1787)缩建的小台基。明代台基、月台完残状况略同景陵,但明代柱础石均不可见。其月台前御路石雕,左升龙右降凤、海水江牙等雕饰均极完好。栏板望柱则均残坏,散置于地。台基之上,乾隆时缩建的祾恩殿台基比较完好,后檐墙及左右山墙均有倒塌残坏之处,修缮时作了加固处理。台基上清代改建后的26块鼓镜式柱础石均无损坏,柱网分布显示,改建后的祾恩殿面阔仍为五间(通阔23.1米),进深四间(通深11.9米),系减柱做法。

左右配殿均各存土衬石,土衬石所围范围,面宽各为27.2米,进深各为10.2米。

神帛炉所存状况同配殿,其土衬石所围范围,面宽各为3.23米,进深各为2.35米。

院落后墙,琉璃花门及两侧照壁原来除顶部瓦饰残坏较严重外,其余部分保存较好。修缮时,重瓦了屋面,并补齐残坏琉璃构件。其中,琉璃花门形制同茂陵三座门中的中门,但门垛壁心

庆陵陵宫前院后门

各有琉璃盒子，其图案装饰有黄色花瓶、花朵以及绿色的枝叶，周边框以黄色线砖，四岔脚图案也以花朵、枝叶组成。

门楼左右的琉璃照壁，各宽 2.4 米，厚同墙。其形制，顶部作庑殿式，瓦件大多残坏。檐下施单昂三踩式琉璃斗拱，下施琉璃平板枋、阑额。再下壁身设黄色琉璃圆柱，柱内上下琉璃线砖及四角岔脚、中部盒子，图案同门垛琉璃构件，岔脚与盒子间施以红墙面。下为由黄色琉璃上枋、下冰盘涩、上鸡子混、束腰（有椀花结带及玛瑙柱雕饰）、下鸡子混、下枭、下枋、圭脚（有卷云雕饰）等琉璃构件组成的照壁座。

第二进院落的左右陵墙与宝城墙前部相接，墙体完残状况均如第一进院落，亦修缮整齐。三座门，中门形制同第一进院落后门，但琉璃阑额、顶部瓦件及岔脚、方柱原来均有残坏之处。修缮时重瓦并补齐残件。两侧门，完残状况同中门，修缮时亦重瓦并补齐残件。

院内两柱牌楼门石柱保存完好，柱顶雕蹲龙，与前十陵雕麒麟不同。石供案及石供器完残情况同景陵。其中，石供案的下枋部分极窄，仅雕盒子图案，与上枋不相对称，与前述各陵形制均有不同。香炉，三足、炉耳、炉口外沿素面无雕饰图案，且有两足残坏。烛台，外形略似前述各陵，但除下部有类似圭脚图案的雕饰外，通体素面则与前述诸陵不同。花瓶，小足，二者缺一。

陵园的排水系统保存较好。不仅宝城两侧各有砖砌的排水明沟，而且该明沟至陵园第二进院落的两侧后，又有院内平面呈"T"字形的地下排水涵洞与之连成一体。该排水涵洞全系条石起券砌成，券顶高3米，券洞宽3.5米，总长200余米，至第一进院落左后方，再次以明沟排水的形式出现，沟宽4.65米，从第一进院落的后方及右方绕经院前，向东南延伸至河道。

附属建筑

庆陵的附属建筑设置情况同昭陵，且均毁于清代。至2010年，陵园左前方的宰牲亭、神厨、神库一院仅存遗址，有残砖瓦及堆放地边的柱础石保存。陵园右前方的神宫监，监门仅存条石台基。前墙已不存，左右及后墙仍保存，但顶部大多残坏。墙体全为城砖垒砌，完整部分高约4.3米，厚1.3米，菱角檐，真硬顶。

德 陵

德陵位于潭峪岭西麓,是明朝第十五位皇帝熹宗悊皇帝朱由校和懿安皇后张氏的合葬陵寝。

墓　主

熹宗悊皇帝朱由校

熹宗悊皇帝朱由校，光宗长子，万历三十三年（1605）十一月十四日生，泰昌元年（1620）九月初六日即皇帝位，次年改元天启。天启七年（1627）八月二十二日去世，年23岁，谥"达天阐道敦孝笃友章文襄武靖穆庄勤悊皇帝"。崇祯元年（1628）三月初八日葬德陵。

熹宗在位期间，一些地方已爆发了农民起义，后金（清）又攻取了辽阳、沈阳，进逼锦州，但他对这些却并不关心。

据文献记载，熹宗"性至巧，多艺能，尤喜营造"。他曾操斧斤锯凿，自制小楼阁，"雕镂精绝，即巧工亦莫能及"。干得高兴时，解衣裸体，随地盘坐。

熹宗把全部心思都用在营造游戏和玩乐之中，遂无暇顾及朝事。宫廷中他最宠信两个人，一个是他的乳母客氏，另一个是司礼监秉笔太监魏忠贤。这两个人恃宠妄为，成为左右宫廷内外大事的显赫人物。

客氏十八岁时被选为熹宗乳母。泰昌元年（1620）冬被封为"奉圣夫人"。她侍奉熹宗十六载,熹宗认为她"业业兢兢,节宣周慎,艰险备尝",对她十分感恩。她倚恃熹宗的恩宠,遂致"供帐侈丽,威行宫掖"。

司礼监秉笔太监魏忠贤,原是河北肃宁的一个无赖,通过客氏被熹宗任命为司礼监秉笔太监,很得熹宗信任。他利用替皇帝处理奏章的权力,在朝内培植自己的党羽,形成了一个政治上极为腐朽的官僚集团,历史上称为"阉党"。魏忠贤内有客氏支持,外有"阉党"策应,遂擅作威福。

客、魏二人在宫内外横行霸道,对反对他们的大臣罗织罪名,残酷迫害,甚至连皇帝的后、妃他们也敢不择手段地加以陷害。而熹宗却始终把客、魏二人当作心腹看待,恩宠备至。

天启五年(1625)五月十八日,熹宗祭方泽坛(地坛)回来,到西苑与两个十七八岁的小内侍在桥北深水处划船游玩。玩得正高兴时,突然刮起一阵大风把小船刮翻,三人全部落入水中。

熹宗受此一惊,染病在身。天启七年(1627),熹宗病情越来越重,因屡治无效,死于懋勤殿。

懿安皇后张氏

懿安皇后张氏,熹宗原配,河南祥符人,太康伯张国纪女,天启元年(1621)四月被册立为皇后。

张氏性格耿直刚毅,多次在熹宗面前揭露客、魏二人的罪行,还曾召客氏要绳之以法。客、魏二人遂对张皇后怀恨在心。他们买通一死囚，谎称张皇后是自己的女儿，以图因此而废掉张后。但终因手法拙劣，熹宗置而不问，没有得逞。其后魏忠贤又多次陷害张皇后和张国纪，但都未能得逞。

天启七年（1627）八月，熹宗病重，弥留之际，于十一日召信王朱由检入宫，嘱咐他继承皇位，做尧舜之君。魏忠贤虽又设法阻止，但又未能得逞，只好按照熹宗的遗诏由信王即位，即崇祯皇帝。崇祯皇帝即位后，尊张皇后为"懿安皇后"。

崇祯十七年（1644），李自成领导的农民起义军攻入北京。有人说张皇后自缢未死，被李自成的部将李岩所获。李岩知是张皇后，想送她回太康伯家，结果她再缢身死。也有人说崇祯帝派人劝张皇后自缢，"仓促不得达"。张皇后青衣蒙头，徒步入朱纯臣家，然后自杀而死。文献记载不同，莫得其详。

张皇后死后，南明弘光朝，为她上尊谥为"孝哀悊皇后"。顺治元年（1644），清王朝将她葬入德陵。

地理环境与陵寝营建

德陵以后面潭峪岭为龙脉，陵左馒头山、蟒山为龙砂，陵右阳翠岭、大峪山等山脉为虎砂，陵前苏山为朝山，形成四面环山之势。德陵的水流，主要来自德陵沟，这条水沟绕经陵后，从宝城右侧绕经陵前，再右转与七孔桥水流汇合。陵园左侧水流是一条小水沟，前流至陵园左前方汇入右侧来水。

德陵是明代营建的最后一座帝陵，该陵始建于天启七年（1627）九月。那时崇祯皇帝刚刚御极，明王朝面临着严重的政治和经济危机。所以德陵的营建遇到了不少难题。

首先，是财政匮乏，资金短缺。工部为营建德陵曾向崇祯皇帝请示："各陵，长陵、永陵、定陵为壮丽，而皆费至八百余万。今议照庆陵规制，可省钱粮数百万。查庆陵曾发内帑百万，谨援例以请。"但崇祯皇帝经过一番筹措，却只能拨给50万两白银，还反复"叮咛告诫，以期速成"。按照管工官员和大臣们的合计，德陵的营建需用白银200万到300万两，50万两白银要建起一座帝陵是不够的。为此，工部只好向崇祯皇帝提出几点建议：一、现有钱粮先用于玄宫、宝城、明楼的修建。二、命内外大小官员捐助工银（按修建三大殿例捐俸）。三、向各州县加派，"大者派二百二十两，中者派一百囗十两，小者派一百两"。四、继续开纳事例银。后来，工部又会同户部题请按天启六年（1626）殿工例，加各运司盐课银。

这些建议得到崇祯皇帝同意。于是在朝大臣开始解囊捐助，大学士黄立极等人带头，每人率先捐银200两，各州县的加派银两也通过各省陆续解来。陵区所在的昌平州，历来供应繁多，山陵工程才开工，就循例拿出7000两。开纳事例银早在修建永陵时已经开始采用，但修建德陵时开纳事例的条款多达26项，甚至连各府、州、县的佐贰官因政绩不佳、办事疲软被查处的，都可以纳银官复原职。崇祯元年（1628）各运司所加盐课，连同本年正常课银，总计14万余两，全部输入山陵。二年（1629），又加龙江、芜湖、清江厂等六处官办贸易市场税银1.4万两，解往工部，以济陵工急需。

其次，是物料不凑。天启七年（1627）十月，工部上奏，新陵规制取法庆陵，但新陵石料与庆陵相比有四点不同：一是庆陵所用青白石料，因该地原有园陵（指景泰帝陵）旧石可以凑用，而德陵则无别石可用，只能取之于房山大石窝。二是庆陵取石大石窝时，适逢塘水撤干之时，而今塘满，撤水不易。三是庆陵限期十月完工，新陵限三月，工匠夜作之费不敷。四是重修三大殿时，工匠报酬优厚，今一旦核省，恐难以济事。崇祯帝见疏，只好让内外经管官员再献良策。十二月，巡视厂库工科都给事中郭兴治为陵工费用浩繁，又提议：拆变魏忠贤生祠，可省数十万金；郭、王二后陵园所遗砖石及皇城内外大工所余石料、台基厂余剩木料，可命工部查明报数，运往陵地，又可省银万两。这些建议虽然得到崇祯皇帝的同意，但终因魏忠贤名声太坏，没有把他的石料用于修建德陵。

再次，是募夫困难。以往诸陵营建惯例，往往由兵部拨派营军15000名，由司官一员督发到山，与所募民夫相兼供役。为使营军不以从役为苦，朝廷对营军按每人每天三分银两的数额进行盐粮补助。在营建庆陵时，管工官员认为，三分银两已够雇佣一名民夫，民夫比营军便于约束，所以当时所需夫役"多从雇觅"。可是，营建德陵时情况却发生了变化。势豪大户营造占役极多，他们为了争夺劳动力，竞相给予优厚的食宿条件。所以强壮的劳力都不愿去参加山陵营建,只有老弱劳力为了糊口才肯应募从役。管工官员觉得"陵工重大,分力合作非万数人不可。若必从雇觅,京民虽多,恐应募者不能如数"。如果"强壮者招之不来,老弱者挥之不去",贻误工程,责任难当。于是不得不请示崇祯帝,仍拨营军供役,盐粮补助如数发给。

德陵的营建用了近五年的时间,于崇祯五年(1632)二月竣工。德陵建成后曾遭到清兵的破坏。崇祯九年(1536)五月,清太宗皇太极派遣武英郡王阿济格、饶余贝勒阿巴泰率兵向明朝进犯。他们分兵三路,很快打到了北京北面的延庆州。在那一带,他们先后七次打败明朝军队,攻取城池两座,还俘获上万的百姓和牲畜。七月初七日,又从陵区北面的灰岭、贤庄、锥石等口进至昌平,城内有诈降的2000名清兵做内应,昌平城很快被攻破。总兵官巢丕昌投降,户部主事王桂、提督太监王希忠等被清兵杀死。紧接着清兵焚毁了德陵。清兵北撤后,朝廷才对德陵重新修建。

陵寝建筑

德陵的陵寝制度、布局与昭陵相同,单体建筑均仿自庆陵。

神道

德陵神道从永陵碑亭前向东北分出，至陵门长约0.5公里，途中建五孔石桥一座，近陵处设神功圣德碑亭碑亭一座。清乾隆五十年至五十二年（1785—1787）修缮时，碑亭拆改情况同定、庆等陵。神道五孔石桥，桥身完固，桥面铺设石条。桥洞均为砖券，大多出现风化剥落情况，2002年至2005年修缮时对桥洞进行了加固，桥栏杆也全部恢复补齐。陵前神功圣德碑台基陡板部分用石砌，原来四面的垂带踏跺多已走闪，修缮时进行了归安。石碑保存完好，其形制同定、庆等陵。碑亭台基后存神道一段，表面头层砖已不存，其第二层砖含牙子砖在内总宽6.85米。

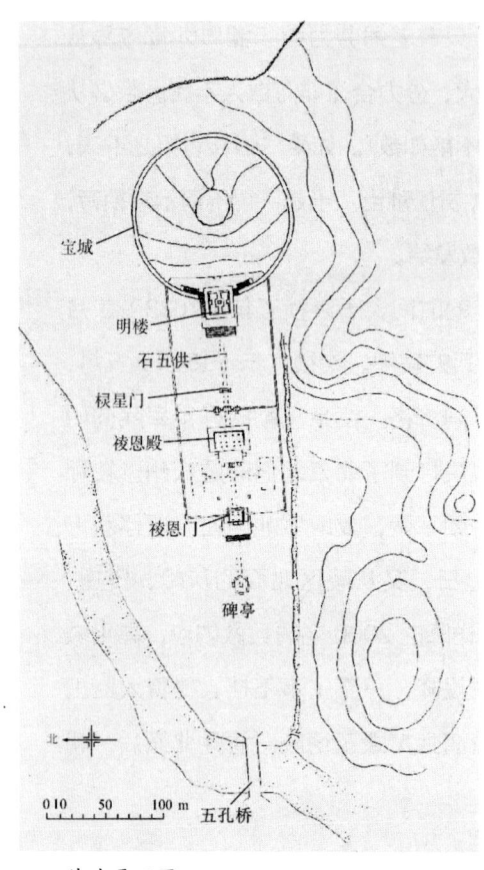

德陵平面图

陵宫

德陵陵宫占地约 3.1 万平方米。总体布局同昭陵，祾恩门、祾恩殿、左右配殿、神帛炉、三座门、牌楼门、石五供、城台、明楼、照壁、月牙城等制如庆陵。

清乾隆五十年至五十二年（1785—1787）曾对德陵修缮，其修缮中的拆改情况大体同庆陵。从遗存的祾恩门、祾恩殿柱础石分布情况看，两座建筑重建时都缩小了尺度。其中，祾恩殿明代时通阔 30.1 米，通深 16.34 米。重建后通阔为 23.26 米，尽管间数（五间）没变，但总尺度却缩小了 6 米多，通深缩建为 11.65 米，比明代也缩小了近 4 米多。祾恩门，明代所建为面阔三间（通阔

德陵祾恩殿遗址

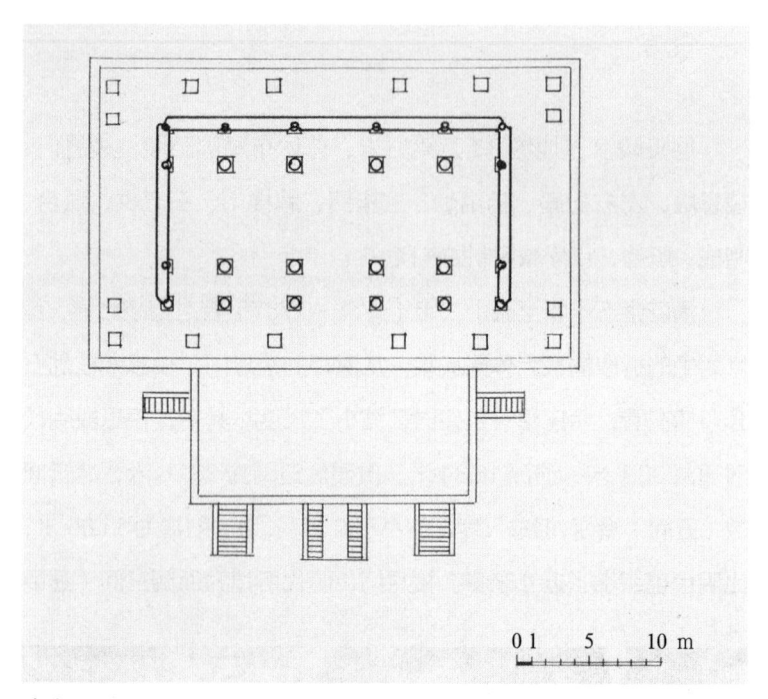

德陵祾恩殿平面图

18.1米），进深二间（通深9米）。而重建后通阔却只有12.6米，比明代缩小5.5米，通深只有6.2米，比明代缩小2.8米。明楼在修葺时，增构了条石券顶，下檐斗拱及琉璃额枋、琉璃柱头、琉璃霸王拳装饰均为明朝原物，但上檐的间数则由三间并成了一间，额枋改为砖砌，外施彩画，霸王拳改为石刻品，与明朝原制相比较已发生较大变化。

民国九年（1920）二月十一日，乾隆时改建的祾恩门被当地村民烧毁，祾恩殿亦在尔后的战乱中毁坏。

2002年至2005年修缮前，明楼、宝城残坏严重，宝城墙底部多处塌方，月牙城墙倒塌，照壁残坏，明楼瓦件残坏、斗拱糟朽坠落过半，陵墙、三座门瓦顶脱落。为此十三陵特区办事处对德陵进行抢险修缮，其中宝城墙、月牙城墙得以修补复原；明楼配齐斗拱、椽飞，重瓦了屋顶；三座门、陵墙揭瓦了瓦顶；对祾恩殿台基上的残墙进行了加固处理；祾恩门则按清代的遗迹复原为硬山顶式建筑。

附属建筑

德陵陵宫外附属建筑的设置情况同庆陵，且亦毁于清代。至 2010 年，陵园左侧排水沟保存有单孔石平桥两座，一座与碑亭相对，左右设砖砌罗汉

德陵三座门中门琉璃盒子

德陵圣号碑

栏板，已残坏，当系通往宰牲亭、神厨、神库一院的桥梁，另一座与神宫监相对，两侧设石刻罗汉栏板。

宰牲亭、神厨、神库一院仅存部分柱础石及残砖断瓦。神宫监监墙在各陵中保存最好，墙体全部为城砖垒砌，高 3.7 米，菱角檐、真硬顶，面宽含监门宽度在内总宽为 144.67 米，进深方向长 159.8 米。西侧墙基之下护坡用石及城砖垒砌，最高处约达 6 米，十分坚固。监门为硬山顶式的五脊门形制，监内内墙大多残坏，仅有部分地段保存，均不完整。监墙内正对监门的地方保存有砖砌照壁一座，该照壁仅存壁身及壁座，其总高为 2.86 米，面宽 5 米，厚 0.68 米。壁身部分，四角为砖雕圆柱，上为素面砖额枋，四框附砖雕线砖，内嵌菱形方砖。壁座作须弥座式，束腰部分刻玛瑙柱、椀花结带及花卉图案。

思 陵

思陵位于陵区西南隅的鹿马山（又名锦屏山或锦壁山）南麓，是明朝最后一帝崇祯皇帝朱由检及皇后周氏、皇贵妃田氏的合葬陵墓。

墓　主

崇祯皇帝朱由检

崇祯皇帝朱由检，光宗第五子，万历三十八年（1610）十二月二十四日生，天启二年（1622）九月二十二日封信王，天启七年（1627）八月二十四日即皇位。次年改元崇祯，崇祯十七年（1644）三月十九日自缢身亡。昌平州吏目赵一桂奉大顺政权顺天府命，筹钱35万文，于同年四月初四日将其葬入皇贵妃田氏墓（清顺治元年定陵名为"思陵"）。

崇祯皇帝在明代诸帝中是个比较注意恭俭和颇为勤政的皇帝。文献记载，他即位后，以封疆多事，"罢苏杭织造"，又"禁衣饰侈僭及妇女金冠袍带等"，自己的御用之物也用铜锡或木制品。他还经常召对群臣，"非盛暑祁寒，日御文华殿与辅臣议政"，批阅章奏，议论时政常至深夜。

崇祯皇帝临国之初，以魏忠贤为首的阉党还把持着朝政。朝廷上下，吏治腐败，贪污成风，政治十分黑暗。崇祯帝初入皇宫，保持了较为清醒的头脑。他先剪除擅权乱政的太监魏忠贤的羽翼，然后惩治魏忠贤。紧接着崇祯帝又调整了内阁班底，他先后罢免了依附魏忠贤的黄立极、施凤来、张瑞图、李国楷四名内阁成员。同时通过"京察",加强官吏考察,痛扫阉党余孽。崇祯帝还根据翰林院编修倪元璐的建议,为遭迫害的东林党人平反翻案,下令尽撤各处镇守内臣,改由督抚专理边政。崇祯帝的这些政治措施,使阉党势力受到了沉重打击,"朝端渐见清明",对巩固崇祯初期的政治统治起了很大作用。

但当时内忧外患严重。东北地区,后金势力日益强大,辽东重镇已经失陷。西北地区,连年干旱,蝗虫遍地,颗粒无收。老百姓不得不吃蓬草,剥树皮,甚至以泥土、石粉充饥,出现了"炊人骨以为薪,煮人肉以为食"的情况,各地农民起义此伏彼起。特别是王嘉胤、高迎祥领导的农民起义军,攻城陷地,声势越来越大。

面临这样严峻的形势,加之崇祯皇帝为扭转危局过于急躁,对吏治的整治不当,以及心胸狭窄、喜奉迎、恶直言和任人不当、多猜疑、重诛杀等缺点,终于使他励精图治、中兴明室的愿望彻底破灭。风雨飘摇的明朝政权,也被农民起义推翻。

崇祯皇帝死后,南明弘光政权(福王)为他定庙号为"思宗",谥"烈皇帝"。后以"思"非美谥,改庙号为"毅宗"。隆武(唐王)时,又定庙号为"威宗"。清军入关,初定崇祯帝庙号为"怀宗",谥"端皇帝"。后以"兴朝谥前代之君,礼不称宗",于顺治十六年(1659)十一月,去其庙号,改谥为"庄烈愍皇帝"。

皇后周氏

皇后周氏，崇祯皇帝原配，北京大兴县人，嘉定伯周奎女。万历三十七年（1609）三月二十八日子时生。天启七年（1627）二月初三日卯时迎娶，册立为信王妃。崇祯皇帝即位，册立为皇后。崇祯十七年（1644）三月，李自成农民起义军攻入北京城，周氏遵旨自缢身亡。南明弘光朝为她上尊谥为"孝节烈皇后"。清朝入定中原后，为她上谥号为"大明孝敬贞烈慈惠庄敏承元配圣端皇后"，顺治十六年（1659）十一月改谥为"庄烈愍皇后"。

皇贵妃田氏

皇贵妃田氏，陕西人，左都督田弘遇女。崇祯元年（1628）封礼妃，晋皇贵妃。田氏"生而纤妍，性寡言，多才艺"，尤善抚琴，生皇子四人。崇祯十三年（1640），所生皇五子病逝，田妃从此忧郁患病。崇祯十五年（1642）七月去世，谥"恭淑端惠静怀皇贵妃"，崇祯十七年（1644）正月二十三日葬入坟园内。

地理环境与陵寝营建

思陵在崇祯皇帝和周皇后葬入之前，是崇祯皇帝的宠妃田氏的墓葬。虽然不是皇帝陵寝，但也是由钦天监按照风水堪舆选址的。

这座墓葬后面的玄武山是鹿马山，山的东北面与泰陵园后的长岭一脉相连。其东有小山丘为龙砂，其西有小虎峪山、袄儿峪等山脉为虎砂，又利用开挖地宫时的土方在墓葬左右各堆起一座土丘，形成墓葬近身的龙砂和虎砂。前方有处于陵区外涧头村西南的两座小山包为朝案山。墓葬的水流是左右两侧山间水流，于墓葬左前方汇合后南流注入南沙河。

该墓葬由工部侍郎陈必谦奉命营建，地宫建成后安葬田贵妃。当时地面建筑还没来得及营建，而明朝即被李自成农民起义军推翻。崇祯皇帝和周皇后葬入后，负责安葬事宜的赵一桂等人仅在地上堆起一座墓冢，冢周砌筑了五尺高的围墙。

清朝入主中原后，于顺治元年（1644）五月将这座葬有崇祯帝后的妃子坟命名为"思陵"，并下令改葬崇祯帝后，营建地上园寝建筑。

然而思陵的改葬开隧和营建却举步维艰。首先是工程组织不能迅速落实。该工程本应由工部及内官监负责，但工部却因缺员而不能分任。内官监虽已责成总理冉维肇、管理高推、王应聘三员内官专司督理，但大概是由于"故君之事，既无赏可冀，又无罚可畏"，所以虽经原任明朝司礼监掌印太监曹化淳屡次劝勉，三人却总是置若罔闻，三秋已过，冬至将临，开工仍杳无日期。为此，曹化淳不得不在顺治元年（1644）十一月奏请顺治皇帝干预此事，顺治皇帝览奏朱批："思陵作速经营，已奉有旨，该监何得玩泄？冉维肇等姑且不究，著即刻期赴工，先开隧道，其余俟来春报竣。如再延诿，定行重治。"

其次是工程所需银两不能及时到位。在顺治皇帝的严旨切责下，负责思陵营建的冉维肇等人只得尽快趋赴工所，并于十一月二十九日兴工开挖隧道，思陵采石等工也正式开始。十二月初，思陵营建所需石碑、石座，均运至北京城北安门外西步梁桥东，并号有"锦壁山（鹿马山别名）工用"字样。当时本应同时并举的工程计有三项：一是思陵营建，二是葬张皇后于德陵，三是葬万历妃刘氏于银钱山。三项工程估价为3000两白银，银两来自原奉旨赐陵地租银1500两、文武百官及内臣捐助1500两。但事实上直到该年十二月，陵租虽已征收，但工程所需银两却不知从何处关领。多方劝捐的650两虽早在九月初四日汇交给工部营缮司，但文武大臣捐助之银却差一半有余。所以工程开始时，工部所掌握的银两只有1000两，而开工时督送至工所的银两又只有110两。为此，曹化淳以及原任秉笔太监车应魁、王德化，随堂太监王之俊、卢维宁等人只得于该年十二月移文内院，催办银两解送事宜。

在曹化淳等人的催促下，顺治二年（1645）九月，思陵改葬等工终于完成。十日，工部尚书兴能上奏，请示以余剩银两建造香殿。十二日，顺治皇帝批示："知道了，余银修造事宜，工部看议具奏，钦此。"十月二十七日，平西王吴三桂又捐银千两助建思陵，思陵的工程才暂告一段落。

陵寝建筑

玄宫

思陵的玄宫建筑系明代所建。文献记载，其隧道长十三丈五尺，宽一丈，深三丈五尺。崇祯帝后安葬时，打开头层石门，里面是三开间的香殿，中间悬挂两盏万年灯，内灯油仅二三寸深，缸底都是水。陈设的祭品，前有石香案，两边列五彩绸缎侍从宫人。田贵妃生前所用器物衣服盛贮在大红箱内。东间石寝床上铺栽绒氆氇，上面叠放着被、褥、龙枕等物。由于地宫内潮湿，衣、被等物多浸泡黓黑，被褥仅一面用锦绣，其余都用布缝合，金、银器皿也都是用铅铜冒充。打开第二层石门，里面是通长大殿九间，石床长如前式，高一尺五寸，阔一丈，上面停放着田妃棺椁。鉴于崇祯皇帝有棺无椁，遂将田妃椁打开，田妃棺移于石床右侧，周皇后棺安奉于石床左侧，最后将崇祯帝的棺木放入田妃椁中，停放在石床正中位置。棺椁之前各设香案祭器，点起万年灯，遂关闭石门，填平隧道。

地上园寝建筑

清顺治元年（1644）下令建造的思陵，在十三陵中规模最小。其布局，纵深方向分为二进院落。第一进院落，前设陵门左、中、右各一座，院内享殿三间，左、右配殿各三间。第二进院落设前门同第一进院落，院内有碑亭一座，匾额用金字书"思陵"二字，亭内石碑，篆额"大明"，碑阳刻"怀宗端皇帝之陵"。再北有石坎，方数尺，是焚烧祝帛的地方。又北有石雕五供前后两套，前一套，有香炉一座、烛台两座、花瓶两座；后一套，石案上陈设石雕果盘五件。再北则为墓冢。

顺治十六年（1659），思陵的建筑又稍有变化。该年三月，陵前增碑亭一座，亭内石碑方座雕龙，额刻"敕建"二字。碑阳刻清光禄大夫、太保兼太子太师、吏部尚书、中和殿大学士金之俊奉敕撰写的《皇清敕建明崇祯帝碑记》，落款时间为顺治十六年（1659）三月十五日。

因该年十一月清廷去崇祯帝"怀宗"庙号，改谥为"庄烈愍皇帝"，故陵内石碑改刻为"庄烈愍皇帝之陵"。享殿内崇祯皇帝神牌字改写为"大明钦天守道敏毅敦俭宏文襄武体仁致孝庄烈愍皇帝"。十二月，顺治皇帝下《谕修明崇祯帝陵诏》，其具体修建项目不详于文。但从康熙年间谭吉璁《肃松录》所记思陵制度看，思陵虽经顺治十六年（1659）的修建，但并无大的变化。

清乾隆年间，思陵先后两次修缮，陵园建筑规制又发生了新的变化。

乾隆十年（1745）九月，刑部左侍郎钱陈群奉命祭祀思陵，发现思陵因长期失修，风雨剥落，殿庑倾圮严重，遂奏请修葺，并提出：遵世祖章皇帝"奢靡不尚"之谕旨办理。乾隆帝从其所请，下诏修缮思陵，直隶总督那苏图奉命督办该项工程。昌平州知州胡大化估报，修缮享殿三间，建造配殿六间，加上大门、二门、碑亭、甬路等工程共需工料银及烧造琉璃瓦银13900余两。后又经保定府同知永寿实地复核，认为"享殿三间虽久已倒塌，旧存木植砖块尚敷凑用，似应添补修葺，其余墙垣等项酌量粘补。其配殿六间久经倾圮，且地基窄狭，毋庸重修，以省靡费"。此议于乾隆十一年（1746）十一月经那苏图奏请乾隆皇帝同意后，只将思陵亭殿、垣墙修好，配殿废而未修。

乾隆五十年至五十二年（1785—1787），修葺思陵，因"顺治年间改建思陵，而一切明楼、享殿之制未大备"，特命"重

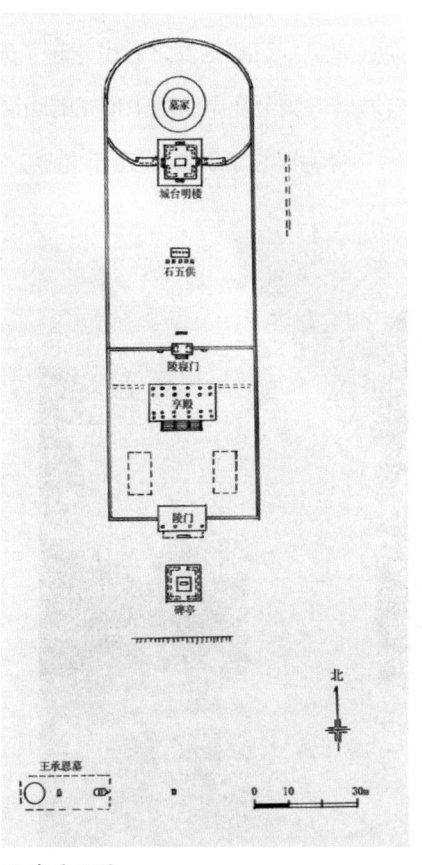

思陵平面图

为修葺，悉如别陵。并普立神牌木主供奉，以妥享祀"。

修陵大臣工部尚书金简等人经实地勘察认为，思陵"仅有享殿三间、碑亭一座，规制颇觉狭小……似应就现在地势加筑月台，将旧碑亭移建月台之上，后墙略为加高，宝顶随墙添土，并将原建享殿三间改造五间，宫门一间改造三间"。于是，思陵的陵门改建成了硬山顶式面阔三间（通阔 12 米）的陵门，享殿建成了面阔五间（通阔 17.3 米）、进深三间（通深 8.5 米）的单檐歇山顶式建筑。石雕五供之后也建起了无马道、无宇墙的单面墙式的宝城墙和城台及重檐歇山顶式的明楼。

清朝灭亡后，军阀连年混战，日本侵略者的铁蹄蹂躏了祖国大好河山，思陵屡逢劫难，残毁十分严重，地下墓室曾先后两次被土匪盗发。1947 年，国民党军队为修炮楼，又大规模地拆毁陵园地面建筑。至中华人民共和国成立前夕，思陵已是满目凄凉，只有坟冢、楼殿遗址、石雕五供、碑石作为珍贵文物保存下来。

1992 年，十三陵特区办事处对思陵进行了修缮，恢复了思陵的陵墙以及宝城墙。

思陵圣号碑

至 2010 年，陵园复建的围墙和宝城，以及墓冢、方城上的圣号碑均保存完好。其中，圣号碑碑首作"四螭下垂"式，碑身左右雕升龙，碑座前雕五龙，后雕五麒麟，左右雕母狮背负小狮图案，母狮前还有小狮或做戏球状，或伏于母狮身下作哺乳状，形态极为生动，是象征古代官爵中"太师、少师"的一种吉祥图案。明楼内的圣号碑碑阳篆额"大明"二字，下刻"庄烈愍皇帝之陵"七个大字。

方城前保存有顺治年间建造的石五供，前一套为五个相互独立的供器。正中为香炉，保存完好，雕为四足两耳的方鼎形，上面浮雕饕餮纹；左右为烛台，顶部略残，台腹四面雕刻人物故事；最两边的是花瓶，保存完整，瓶腹、瓶颈略呈圆形，亦浮雕饕餮纹。

思陵石五供

五供器各施以几案形雕龙石座。

　　后面的一套，祭案的案端作翘头式，案面浮雕绳纹，下作闷户橱形状，四腿因项部内收而随势弯曲，足部外翻，还保留着明式家具线脚优美、雄浑大方的特色。案上放有石雕供果五盘，一盘为橘，一盘为柿，一盘为石榴，另外两盘分别为寿桃和佛手。

　　陵内三座门仅存墙基；享殿台基保存较完好，24块鼓镜式柱础石布列整齐；陵门台基残坏较严重，台基上仅存前面一排四块鼓镜式柱础石。

　　陵前神道碑亭，台基虽保存，但损坏严重。台基上石碑式同圣号碑，碑上刻字稍有残坏。

陵区内皇妃、太子、太监陪葬墓

从明永乐中叶至清顺治初年,天寿山陵区内还先后建造过皇妃、太子、太子妃和太监坟墓11座。其中,神宗皇贵妃王氏墓位于东井左侧,因王氏迁葬定陵而废;光宗为皇太子时,其妃郭氏病故,万历四十三年(1615)十二月葬于长岭之南(今泰陵园村),后郭氏迁葬庆陵,原太子妃墓因之而废;崇祯帝皇贵妃田氏墓,位于鹿马山南,崇祯帝入葬后升格为帝陵。此外,世宗沈、文、卢三妃之墓原为世宗孝洁陈皇后陵墓,因陈皇后迁葬永陵而降格为妃坟。所以时至清初,十三陵陵区内的明代皇妃、太子和太监坟墓共有8座。

成祖妃坟——东井、西井

东、西二井系明成祖的两座皇妃墓。其中，东井位于德陵左侧馒头山西麓，西井位于定陵右侧大峪山东麓。二井墓主姓氏、生平及人数情况，官方文献没有确切记载。其地面建筑规制均为重门，门三道，殿五间，两庑各三间，绿瓦周垣。

嘉靖十五年（1536）十一月及嘉靖十七年（1538）九月，世宗曾先后两次下令建造二井妃坟石碣。弘治三年（1490）六月，孝宗曾命修理二井香殿、厢房及园寝围墙。

清康熙年间，东井门、庑、殿皆存，西井则周垣虽在，门、庑、殿皆毁。1937年前后，二井均有盗墓情况

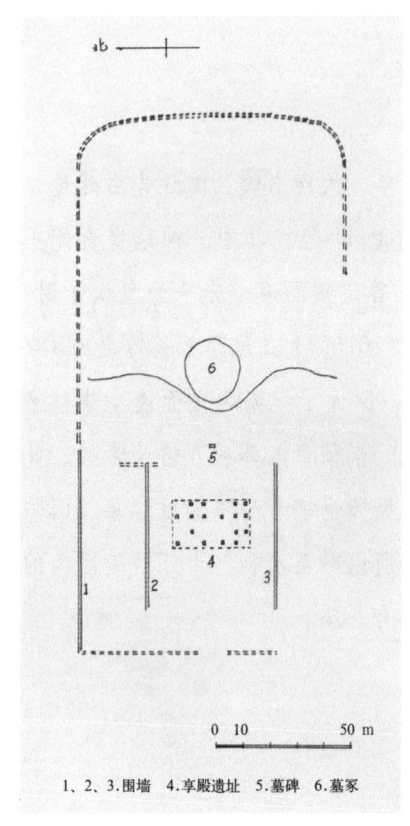

1、2、3.围墙 4.享殿遗址 5.墓碑 6.墓冢

东井平面图

发生。东井冢前后各被挖掘一洞，但未挖到墓室，西井墓室被挖开，内有木俑被弃于野外。

至 2010 年，二井均只有局部残墙、石碣及殿基柱石保存，园寝基址已不清晰。其具体情况分别如下：

东井冢后与山坡连成一体。冢顶因农民耕种而铲平，底呈圆形，径约 24 米，残高 8 米。冢前 12.5 米处，存石碣一座，露地部分高 2.225 米。其碣首顶平作方头式，前后各雕升降凤及云纹，有额无字；碣身素面无字；碣座作须弥座式，上枋雕盒子，上枭雕仰莲，束腰素面，下枭以下部分埋于地中。碣前 22.2 米处为享殿殿基，柱础石已不全，见存计 17 块，均为鼓镜式。柱网分布显面阔五间（通阔 25.15 米），进深显三间（通深 13.85 米）。殿左右各存一段园寝内墙，墙厚 0.85 米，残高 1.15～2 米不等，砖砌，墙身涂红。殿址前 38.5 米处存园寝内前墙墙基一道，残高 0.5 米，厚 0.7 米。园寝右侧内墙之右 24.8 米处存园寝外墙一段，残高 2.7

东井远景

米，厚 1.1 米，形制同内墙。墓冢后及左右两侧有园寝外墙残墙保存，其墙体亦系砖砌，残高 1～2.4 米不等，后部走向略呈弧形，且位处半山腰。山腰外墙附近有残坏的绿色瓦件。

墓室部分情况不详。从 1996 年局部被挖的情况看，仅知其顶部呈庑殿形制，纵式走向，上部覆以斜面形的蓑衣砖。其正脊部位以断面为三角形的砖眉子作脊，包括砖眉子在内三层砖下露有伏砖和券砖各两层。券面砖之前有类似定陵玄宫金刚墙形制的砖墙，其上则为墓室砖顶的前半坡所覆盖。

西井地面园寝建筑中，仅石碣完好保存，其形制同东井。碣后 49.8 米为墓冢，其残高约 10 米，底部直径约 25 米。碣前 21 米处有享殿基址，面宽方向长约 28.3 米，进深方向长约 16.9 米，上为残碎砖瓦所覆盖，仅有前檐柱柱础石五块外露。柱础石位置所显该殿面阔为五间（通阔约 24.9 米）。殿址左右均有内墙遗迹，或露于外，或为残碎砖瓦所埋。其左侧外露部分仅存砖墙心，残高约 2 米，残厚约 0.5 米。园寝外墙，仅右部有墙埋于碎砖瓦中，后部处于山腰地段有残墙保存，亦均砖砌，形制同

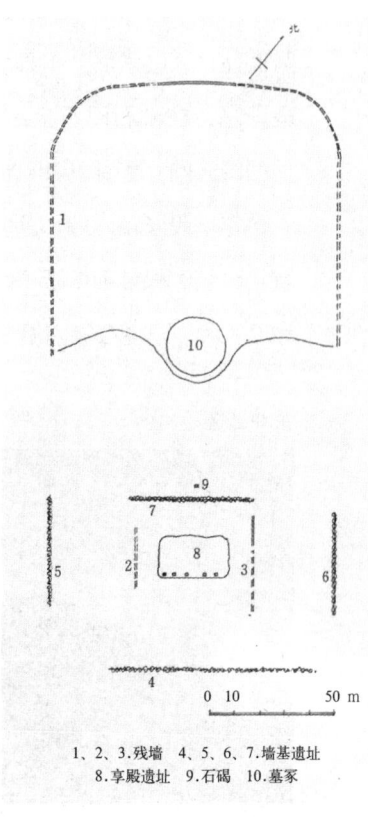

1、2、3.残墙　4、5、6、7.墙基遗址
8.享殿遗址　9.石碣　10.墓冢

西井平面图

东井，墙基厚 1.12 米，顶部已塌，残高 2.65 米左右。遗址周围散落有部分绿琉璃构件。其中垂兽 1 件，宽 33 厘米、厚 10 厘米，后有盖瓦雄头，系典型明代琉璃构件。周垣瓦当较小，直径仅 11 厘米，雕刻花卉图案。

宪宗妃坟——皇贵妃万氏坟

宪宗皇贵妃万氏，山东诸城人，成化二年（1466）正月生皇长子，晋封为贵妃。不久，皇子病死，万氏不再生育。后又晋为皇贵妃。成化二十三年（1487）春，以"暴疾"亡，谥"恭肃端慎荣靖皇贵妃"，三月初六日葬入坟园之内。

坟园建筑始建于成化二十三年（1487）初，先后由工部左侍郎贾俊及右侍郎陈政主持建造。工成后，嘉靖十七年（1538）九月，又增建石碣一座。园寝规制同东西二井。

其墓室曾于 1937 年左右被当地土匪程颜斌等人盗发。墓室内凤冠、金银器物等被洗劫一空。

地上建筑中，殿庑等单体建筑至迟在民国前已毁，清朝时有农户住入，园寝之内成为自然村落。

至 2010 年，园寝建筑情况如下：

园寝墙平面布局分前方后圆两部分。前面的方形院落，面宽 197.8 米，进深方向左右两墙各长 138.5 米。墙体除瓦饰残坏外基本完整，高4.3米，厚1.15米。下碱部分用城砖干摆砌成；上身部分用山石及河卵石垒砌，外抹灰涂红；墙檐作砖冰盘檐式，自下而上由出檐砖、混砖、枭砖和盖板砖组成；墙帽作大式琉璃瓦顶，绿色琉璃筒瓦、黄色琉璃滴水。

前墙的正中位置存有园寝门，为安砌有琉璃构件的硬山顶式五脊门形制，残高约5.3米。顶部瓦件全部不存，两山各存三层黄色琉璃砖。檐部前后及两山面均作冰盘檐式，其出檐、圆珠混、半混、枭、盖板等由黄绿两色琉璃件相间垒砌，下为绿色琉璃挂落。门垛为砖砌，门基作陡板式，四角用石。再下台基部分已残坏，其面宽为6.2米，进深2.2米。门垛内门扇已不存，上有门簪四枚。园寝门左右各3.5米处原各有随墙式角门一座，均已封塞。其面宽含门垛各为4.2米（门洞宽2米），门垛厚尺度大于墙体，前后各出0.26米。其上部存木过梁，檐部作砖雕鸡嗉檐，两山面各置博缝头。

院内左右均存有内墙，其制同外墙。高4.3米、厚1米，顶部残坏严重，其前段均已倒塌。内墙之内的中路院落原制呈两进。第一进院落左右两墙各设门一座，通左右两侧的院落。现各存内

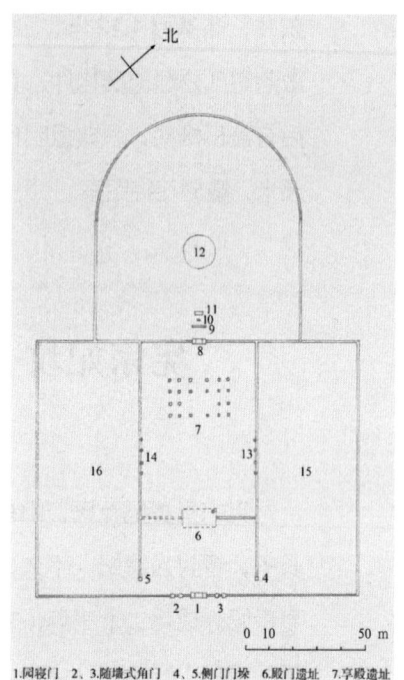

万贵妃坟平面图

1.园寝门 2、3.随墙式角门 4、5.侧门门垛 6.殿门遗址 7.亨殿遗址 8.园寝门内 9.照壁 10.石碣 11.石供案 12.墓冢 13.左配殿遗址 14.右配殿遗址 15、16.园寝守护人员居住区

侧门垛一处，其面宽为 1.1 米，进深为 1.615 米。第二进院落右侧前墙已倒塌，中部原设殿门，现仅存柱础石 1 块，院内享殿存柱础石 22 块，均为鼓镜形制。柱础石分布所显面宽为五间（通阔 25.13 米），进深三间（通深 13.8 米）。两配殿各以园寝内墙为后檐墙，后檐柱柱础石仍砌于墙内，其面阔显三间（通阔 13.73 米）。院落后墙原设有五脊门一道，制如园寝门，现存两门垛。两垛面宽各 1.27 米，进深各 1.99 米，两垛间距（门宽）2.87 米。其台基条石已局部塌落。

方院后的院落，后半部平面作半圆形，其面宽为 89 米，进深 90.8 米，墙体现状除顶部抹灰外，制如方院墙体。院内沿中轴部位由前而后依次设照壁、石碣、石供案及坟冢。

照壁，存阑额以下壁身及壁座两部分。其露于地面部分高 2.1 米，基座宽 5.45 米、厚 0.63 米。壁身部分四角黄琉璃柱已无，山面壁心亦残，前后两面壁心则保存较好。上为绿色素面琉璃阑额，下嵌黄色琉璃线砖，再下壁心部分以三层边宽为 0.47 米的方砖垒砌。砖壁心下为黄色琉璃线砖，其四角各保存有黄色琉璃马蹄磉一个。壁座部分仅束腰以上部分露于地面。上枋、上枭、上混均为素面绿色琉璃构件，束腰部位亦为绿色琉璃构件，上有双连胜及椀花结带图案。

石碣，制略同二井，碣首雕双凤，碑身无字。碣座取须弥座形，其上下枭雕仰覆莲，上枋、下枋及束腰则分雕双凤及"卍"字云。石碣自下枋以上总高 2.9 米。

石供案，作须弥座形，仅束腰以上部位露出地面，案面长 2.03

米、宽1.06米，上枋及束腰均素面，上枭刻仰莲。

坟冢，作圆形土堆，残高约2.5米，底部直径约14米。

世宗妃、太子坟

贤妃郑氏坟

位于袄儿峪北侧一座小山前。墓主为世宗怀荣贤妃郑氏，嘉靖十五年（1536）葬。

园寝建筑有内、外园寝墙两重，平面布局均作前方后圆之形。院内原有墓冢一座、石供器一套、照壁一座，因墓主神主祔享于悼陵殿内，故园寝之内无享殿之设。

至2010年，其建筑遗存情况如下：

外墙纵深约120米，面宽约58米，全部为山石垒砌，厚

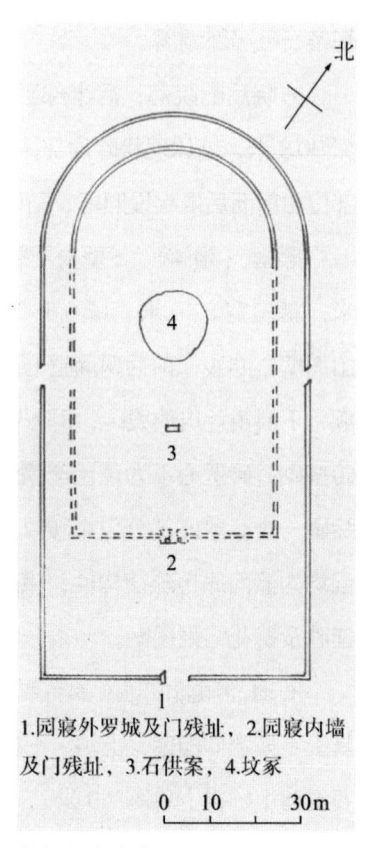

1.园寝外罗城及门残址，2.园寝内墙及门残址，3.石供案，4.坟冢

贤妃郑氏坟平面图

贤妃郑氏坟残墙

0.88 米，残高 2.55～2.95 米不等。其前墙间原设有园寝门，其台基面宽 5.6 米，前部已残坏。右山墙仅存中间一段，残长 1.1 米，厚 1 米，高 2.9 米。左山墙及上顶部分全部无存。

内墙仅存残基，城砖垒砌，残厚 0.4 米，残高不足 1 米，其前段遗址较模糊，原设有园寝门，现仅存两门垛内侧角柱石，据门垛角柱石位置可知，该门系硬山顶五脊门形制，门洞宽 2.1 米。

内墙之内现存石供案一座，系由三块石料拼合成须弥座形制，其长 2.2 米、宽 1.07 米、高 0.76 米。上枋、下枋、上枭、下枭均素面无雕饰，束腰部分左右两端已残坏，现存部分刻有椀花结带图案。

石供案后为坟冢，残高 3.3 米，底部直径 16 米。园寝内还堆积有绿色琉璃瓦残件。

四妃二太子坟

位于贤妃坟稍南处,坟园墓主为世宗皇贵妃阎氏、王氏和贞妃马氏、荣妃杨氏,以及哀冲、庄敬二太子。其中皇贵妃阎氏原为贵妃,嘉靖十九年(1540)正月初二日去世。世宗以其生皇长子,追封皇贵妃,赐谥"荣安惠顺端僖"。同年九月二十六日入葬。皇贵妃王氏,嘉靖三十年(1551)正月二十九日去世,世宗命其"同阎氏墓葬",并命将葬于金山的哀冲太子朱载基(阎氏生,落生仅两月即夭亡)和庄敬太子朱载壡(王氏生,嘉靖十八年,世宗南巡前立为皇太子,年14时病故)祔葬母侧,以从"冲幼儿从母"之义。贞妃马氏、荣妃杨氏分别于嘉靖四十四年(1565)七月和

四妃二太子坟照壁

嘉靖四十五年（1566）六月去世，并先后葬入园寝之内。

园寝建筑有围墙一周，园寝门一座，照壁一座，石供案、石供器一套，以及坟冢五座。由于所葬皇妃及太子均系"祔葬孝洁皇后陵次"，神主因之祔享于悼陵殿内，坟园内并无享殿之设。

至2010年，坟园建筑遗存情况为：院落布局平面呈前方后圆形状，面宽57.4米，纵深最大尺度93.6米。墙体为城砖垒砌，残高3.3米，厚0.92米，上身抹灰涂红，墙帽全无，檐部仅存混砖和出檐砖各一层。

园寝门原制当为硬山顶五脊门形制，现仅存左右门垛。其面

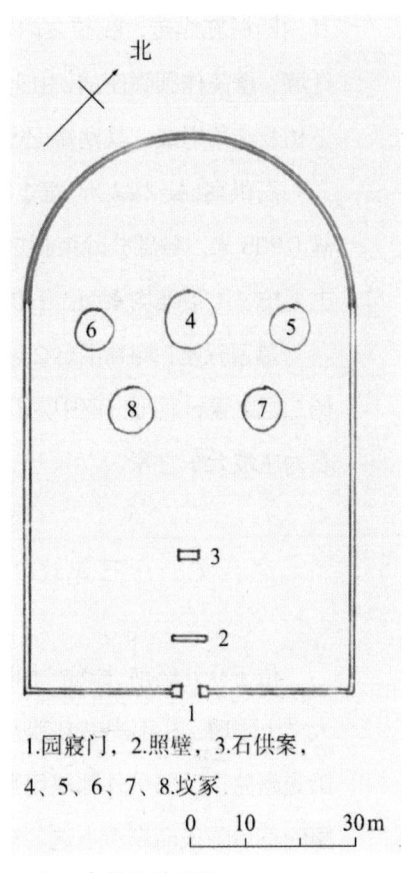

四妃二太子坟平面图

宽各1.275米，进深各2.16米，城砖垒砌，下碱部分有青石角柱石及压面石。两门垛之间为门洞，宽2.81米。

照壁，位于园寝门内7.3米处，全部为砖结构。其面宽约4.6米，厚约0.64米，高约2.88米。壁顶为硬山式，瓦件已无，两山面均存有博缝砖。檐部为冰盘檐式，自下而上存有出檐砖、混砖、枭砖各一层。壁身四角各存圆砖柱一个，柱间上端有素面砖额枋。

其内四框施线砖,线砖之内壁心部分由12层城砖砌成,外抹成红墙。壁座作须弥座式,由上枋、上枭、上混、束腰、下混、下枭、下枋及圭角组成。其两端已毁,仅存中间一段。

石供案,长2.22米,宽1.085米,下枋及其以上部分露于地面,高0.985米。各部分除束腰刻玛瑙柱、三连胜及椀花结带图案外,上下枋、上下枭均素面。石供器已全部失散。

墓冢五座,均高不足2米,按两排分布。前排两座分别为马、杨二妃之冢,后排三座中为阎、王二妃之冢,左为哀冲太子之冢,右为庄敬太子之冢。

沈、文、卢三妃坟

位于袄儿峪前,原称"悼陵"。墓址系嘉靖七年(1528)十月,大学士张璁、礼部尚书方献夫、工部尚书刘麟、都给事中王汝梅、御史赵兑、兵部员外郎骆用卿及钦天监监副李鉴等人为安葬世宗原配皇后陈氏而奉命卜选。被选吉地还有橡子岭一处,世宗钦定袄儿峪作为建陵地点,并命"先建香殿一所,备迎梓宫"。

负责督理陵工的是工部侍郎何绍,拨有三大营官军5000人从役,由保定侯梁永福督率。同年闰十月,因太监傅平称官军数少,请增至万人,世宗又下令暂拨团营官军8000人助役。嘉靖八年(1529)三月初一日陈皇后入葬,九月十四日陵工告成。

隆庆元年(1567)三月,陈氏迁祔永陵,悼陵陵寝玄宫遂虚。万历九年(1581)十月,世宗皇贵妃沈氏去世,神宗下旨将沈氏葬入悼陵玄宫。此后又有世宗文、卢二妃葬入。

园寝建筑总平面呈纵向长方形，面宽为 86.3 米、进深为 169 米。其前垣间设殿门，院内设享殿、配殿、石供案（上置石供器）及墓冢等。其中享殿为五间，嘉靖四十五年（1566）七月，恭淑安僖荣妃杨氏神主祔于殿内后，该殿内后妃的神主安置情况为：中间一间奉安孝洁陈皇后神主，东一室祔荣安惠顺端僖皇贵妃阎氏及哀冲太子神主，西一室祔端和恭顺温僖皇贵妃王氏及庄敬太子神主，东二室祔怀荣贤妃郑氏及恭淑安僖荣妃杨氏神主，西二室祔荣安贞妃马氏神主。

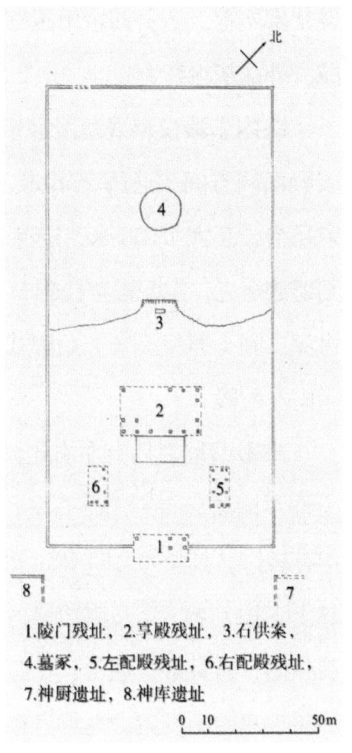

1. 陵门残址，2. 享殿残址，3. 石供案，4. 墓冢，5. 左配殿残址，6. 右配殿残址，7. 神厨遗址，8. 神库遗址

沈、文、卢三妃坟（悼陵）平面图

隆庆元年（1567），孝洁皇后迁祔永陵，其神主遂享于太庙。此后因年久失修，殿庑先后毁坏。

至 2010 年，殿门仅存鼓镜式柱础石 5 块、门砧石 2 块。柱础石分布显该殿门面阔三间（通阔 17.6 米），进深二间（通深 7.4 米）。门两侧及左、右、后部院墙局部有倒塌。其保存稍好处，高约 3.7 米，墙基厚 1.07 米。其下碱部分均用城砖砌成。檐部均由出檐砖、混砖、枭砖、盖板砖组成冰盘檐，墙帽原覆黄色琉璃瓦，现全部不存。上身前墙用砖砌，左右及后墙均用山石或河卵石砌成，外抹灰涂红。

院内享殿仅存残基及鼓镜式柱础石14块。柱础石分布所显该殿面阔五间（通阔28.5米），进深三间（通深15.2米）。殿基前月台，面宽18.05米，进深8.17米，周遭条石大部失散，踏跺则遗迹全无。左配殿存柱础石10块，显面阔三间（通阔13.1米），进深二间（通深5米），后廊式，内减廊柱。右配殿存柱础石6块，制同左配殿。

享殿遗址之后有左右走向的土堆，其下建筑遗址情况不详。土堆左侧前后有三道砖石垒砌的拦土墙基。土堆之后为石供案，保存较好。其长为2.51米，宽1.24米，高1.03米，作须弥座形，其上下枋、上下枭及束腰等各部位雕饰同泰、康等陵。案旁散落石供器，有香炉、烛台、花瓶各一件。香炉亦作三足圆鼎式，但炉盖仅雕宝山图案，与炉身整石雕成，其高0.7米，腹径0.6米，两耳及足部稍残。烛台，顶残，中部束腰，下部形如覆钟，其高0.57米，底径0.42米。花瓶，制如长、献等陵，底稍残，高0.6米，腹径0.42米。

石供案之后为墓冢，其形制同万贵妃坟，底部直径15米，残高4.4米。冢前环石供案左右及后部有石砌护坡。

园寝门内松柏苍郁茂盛，门外左右两侧原各有遗址一区（可能是宰牲亭、神厨、神库遗址），现仅右侧遗址存后部院墙一段，长约5米，高2.2米，厚0.6米。全为河卵石垒砌，内外两面抹灰涂红。

此外文献记载，悼陵还曾设置有神宫监及果园、菜园房屋等附属建筑。其中果园、菜园房屋的形制、位置均不可考。神宫监遗址位于园寝建筑的右前方（今悼陵监村），朝向为北偏东48°，其布局同泰、康等陵。现仅有右侧及北侧小段残墙保存，墙体均为河卵石及山石砌成。

神宗五妃坟

位于万贵妃坟西南0.75公里银钱山东麓。墓主为神宗皇贵妃郑氏、李氏和顺妃李氏、昭妃刘氏及端妃周氏。其中皇贵妃李氏，原为敬妃，生惠王常润、桂王常瀛，万历二十五年（1597）三月二十七日去世。神宗下旨追封为皇贵妃，谥"恭顺荣庄端靖"，并根据礼部大臣建议在此建坟葬入。顺妃李氏，天启三年（1623）闰十月初五日去世，熹宗下令坟地不另选择，葬入此坟内。皇贵妃郑氏，顺天府大兴县人，福王朱常洵生母，神宗宠妃。崇祯三年（1630）五月二十五日酉时去世，崇祯帝下令"即葬李氏园内"。昭妃刘氏，崇祯十五年（1642）去世，年86岁，崇祯改元时曾居慈宁宫，掌太后印，时称"太妃"，死后谥"宣懿康昭"。顺治元年（1644）五月，清廷下令葬入坟内。端妃周氏去世及入葬年月不详。

园寝建筑在天寿山陵区内的妃子坟中规模最大。遗址范围纵

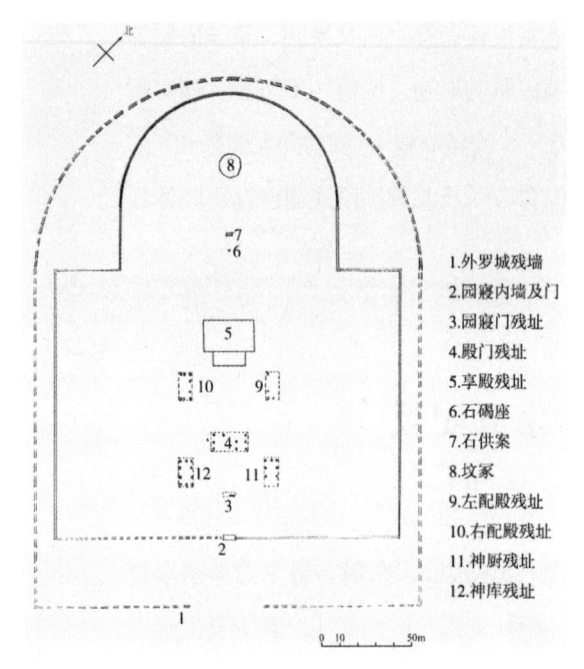

深约 287 米，面宽约 218 米。院落布局复杂，且外有一道外罗城。园寝的墓室建筑曾于清顺治三年（1646）被本县民王科等人盗发，民国年间又被土匪盗发。据当地村民传言，其墓室布局颇与定陵地宫相似。园寝地上建筑毁于清代。

1. 外罗城残墙
2. 园寝内墙及门
3. 园寝门残址
4. 殿门残址
5. 享殿残址
6. 石碣座
7. 石供案
8. 坟冢
9. 左配殿残址
10. 右配殿残址
11. 神厨残址
12. 神库残址

神宗五妃坟平面图

至 2010 年，园寝建筑大多仅存残址。其中外罗城残墙，平面呈前方后圆状分布，残高不足 2 米，全系河卵石及山石垒砌，基厚 1.6 米，前面的园寝门已不存任何痕迹。

内墙布局略同万贵妃坟，墙体多处残坏倒塌。其保存稍好处残高 4.1 米，厚 1 米，其下碱部分以城砖垒砌；墙身用河卵石及山石垒砌，但上下之间被两道水平垒砌的城砖隔成三截，外部抹灰涂红，灰皮脱落殆尽；墙檐以上部分仅存出檐砖一层。方院前墙正中存园寝门石台基，其面宽为 6.7 米，进深 2.3 米，上存门砧石 2 块，两石中隔 3 米为门宽。

门内 22.4 米处又有门基石遗存物，门基石左右应有墙，但墙基因园寝内被垦为农田已不可见。

门基石往里约 25 米为殿门遗址，上存鼓镜式柱础石 9 块。柱础石分布所显该殿门为面阔三间（通阔 17.8 米），进深二间（通深 8.6 米）。殿门左右亦应有墙，但墙基亦为土及残砖所埋。

殿门前左右两侧各有殿址一处，当分别为神厨、神库遗址。其中左侧神厨遗址存柱础石 7 块，柱础石分布显该殿面宽为三间（通阔 13.18 米），进深二间（通深 6.6 米）；右侧神库存柱础石 10 块，所显面阔、进深情况同神厨。

殿门遗址以里 42 米处为享殿台基残址，面宽约 30 米，进深约 17.5 米，残址之上满堆残砖断瓦。残址前月台亦堆满砖瓦灰渣，其面宽约 18 米，进深约 8 米。其前左右配殿亦各存遗址一处。左配殿遗址存柱础石 4 块，右配殿存柱础石 8 块。柱础石分布所显两配殿面阔各三间（通阔 14.6 米），进深各二间（通深各 5.45 米）。

享殿之后应有院墙一道、园寝门一座，左右两侧亦应再有内墙各一道，现均不存。但享殿遗址之后，半圆形院落内的坟冢、石供案及石碣座仍然保存。

坟冢，残高约 3 米，底部直径约 11 米。

石供案，位于冢前，须弥座形，束腰以下部分全部埋在土中。上枋雕刻串枝莲图案，上枭雕仰莲，案面雕刻卷草花边，案面长为 2.59 米，宽为 1.26 米。案上供器全部失散。

石碣座，位于石供案前，方形，其长 1.6 米，宽 0.72 米，高 0.91 米。前后两面各雕海水江牙、宝山、云及龙凤戏珠（左升龙，右降凤）图案，左侧面雕龙纹，右侧面雕凤纹。石碣碣身、碣首俱失散不存。

园寝遗址之内有零散的绿色、黑色破碎琉璃瓦件。墙体砖面上发现有"壬辰年窑户□□造""万历十□年□□□□造""杜万造""一作砖匠张忠"等铭文。

崇祯太监王承恩墓

位于思陵右前方。其墓主是否为王承恩本人，文献记载不一。

该墓建筑原有围墙，平面作纵向长方形。现墙基遗址处有白灰遗存，面宽约8.6米、纵深约23.5米。

围墙遗址之内，存墓冢一座，高约2.5米，底部直径约5.8米。冢下墓室为砖券一间，民国年间被盗发，已掩埋封塞。

冢前3.6米处存石碑一通，高2.18米，碑首作四螭下垂式，正面有篆额，刻"御制旌忠"四字。碑身正面刻顺治二年（1645）四月清世祖御制文，背面刻："原任总督天下各镇援兵督察京营戎政勇卫军门，掌御马监、司设监、巾帽局、保和等殿大庖厨印务，司礼监秉笔太监王承恩之墓。"正楷字体。碑趺为方形，高0.6米、宽0.96米、厚0.44米，前后刻双草龙，左右各刻单草龙图案。

再前12.5米处为一螭首龟趺形制的石碑，高4.5米。碑首阳面有篆额，刻"敕建"二字，碑身阳面刻顺治十七年（1660）五月清世祖御制文，正楷字体。

再前23米处为一方趺式石碣，阳刻"王承恩墓"及"吴下倪

王承恩墓

钦题"等字,均行书字体。倪钦,江苏人,1912年曾任昌平县知事。此碑碑趺四面浮雕图案分别取材于古代神话传说及其他传统吉祥图案:正面刻"龙马负图"图案,背面刻麒麟,左侧刻"鹿衔花卉"图案,右侧刻"犀牛望月"图案。三通石碑均完好无损,图案及文字亦较清晰。

陵区附属建筑及相关古迹

明朝时，根据陵寝的保卫、祭拜、礼神等各种需要，在陵区之内以及陵区与京师北京之间的路途上，建有若干附属性建筑设施。

行宫、园林

明朝时，为帝后谒陵时驻跸和临幸，在陵区内及京师至陵区的路途旁建有一些行宫和园林建筑。

时陟殿

时陟殿位于大红门内东侧，俗称"拂尘殿"或"弹尘殿"。为帝后谒陵更衣之所。其建筑有正、寝二殿，正殿名"时陟殿"，门名"时陟门"，有围房60余间，二殿及围房周植槐树500余棵。所有建筑均毁于清代初年。现除数块条石散置田边外，原建筑的墙基范围、殿宇位置均因被辟为果园而无迹可寻。

行宫

为天寿山陵寝服务的行宫先后有三座。

旧行宫，位于龙凤门西北芦殿坡附近（今十三陵镇政府所在地西侧），约成于宣德元年至五年间（1426—1430），嘉靖十七年（1538）新行宫建成后废弃。清顺治、康熙年间存土垣一周，此后被辟为农田，20世纪80年代时尚有残碎瓦片散于田埂间，后因修建房屋，已无任何痕迹。

新行宫，位于永陵监南。嘉靖十六年（1537）正月建，嘉靖十七年（1538）二月建成。其建筑有重门及正寝二殿，围房500余间。正殿名为感思殿，门名感思门，均毁于清代初年。其遗址位于一高起的土台上，其内已辟为农田，有柱础石、条石、碎砖瓦（黄、绿、青不同颜色的琉璃构件）等堆放于田埂间。遗址的面宽、进深各约250米。

巩华城行宫，位于今沙河镇。永乐年间因该地"为圣驾展祀陵寝之路，南北道里适均"，曾于该地建行宫以备圣驾谒陵驻跸，正统年间被水冲毁。嘉靖十六年（1537）三月，世宗下令重建，次年五月兴工，嘉靖十九年（1540）十二月竣工。其建筑规制略似大内，中路建有龙跸门（南门）、龙跸殿、广载宫，东侧建有凝禧殿、华鸾宫、集祥宫，西侧建有景惠殿、翠凤宫、会祉宫。东西北三面亦各设门，东门为丽春门、步和门，西门为延秋门、宣泽门，北门为宁远门。该建筑毁于清代。

九龙池

九龙池，位于昭陵右翠屏山下。始建于永乐七年（1409）之后，成化十四年（1478）之前，为帝后谒陵事毕临幸之所。其外有内外两道黄瓦的墙垣，其内池作方形，四壁砌石，其西壁嵌有九个石雕龙头，泉水从九个龙头的口中喷入池内，池上石壁千仞，巉削如斧凿痕，泉脉出其中。山脚有小石方井，可视泉源。松竹桃柳，夹池东西，门稍东为月关泄水，水淙出关。东为小渠，过石梁后，萦回西入山下田中。嘉靖十五年（1536），明世宗谒陵，又下令建一亭一台于池北，亭名"粹泽"，其制"中一间，旁各三间"。

九龙池池水甘甜，具有"熟之速，凉之迟"的特点，加上景致幽雅，明清文人多有题咏。

清初时，该组建筑存有水池及周垣墙壁。中华人民共和国成立后，垣墙基址尚较清晰，水池也较完整。20世纪70年代，昭陵村为兴修水利，在池内建水泵房一座，水池因之而被破坏，周垣遗址则因修筑公路及多年的水流冲刷而泯灭。至2010年，该池仅存龙头两个，旁有粹泽亭鼓镜式柱础石1块，已错位。

长春亭

长春亭，位于老君堂东北。原有正房三间，东西厢各三间，为帝后"游憩"之所。其始建时间不详，建筑早毁，遗址位置已不可考。

此外，明朝时陵区内还曾建有松露殿、肃敬殿、修仪馆、饰容馆、长生迹、长生亭等建筑，其位置、形制均不可考。

军事防御建筑

为保卫天寿山明陵的安全，明代在陵区周边和陵区与京师之间，设置了诸多军事防御建筑。

十口垣墙

天寿山陵寝处在群山环抱的地理环境中，为了守护明陵，明朝时在陵区周围的十个山口设置了不同形式的军事防御建筑。

灰岭口，位于泰陵北约4公里处（今上口村北），山口内外宽漫，西北与永宁相通，东北与黄花镇相通。永乐年间曾建有旧城一道、敌楼一间。嘉靖十六年（1537）因旧城城楼、城墙及水门卑隘损坏，进行了改建。其中敌楼改建为三间，"东西长六丈，南北阔四丈，中以灰石，外俱包砖"，楼顶改制为歇山转角两滴水形制。旧城一道，原"长四十丈，高一丈二尺"，增高为二丈。城墙根脚原厚一丈五尺，亦增为二丈，"结顶一丈，上加女墙高六尺，厚二尺"，均用砖灰垒砌。"门用铁裹，墙下水门一座高八尺，阔一丈，扇亦用铁裹"。

此外，还增筑了东西敌台各一座，以便瞭望。增置官厅一座（三间）、门楼三间、营房60间作为官军栖息之地。清朝时，上述建筑逐渐颓坏。1971年时，口内已残坏的城楼台基仍保存。至2010年，该口仅存两侧残墙。其中西侧残长约175米，近口处残高6.2米，顶宽7.3米，基宽8.7米，东侧残长约136米。建筑材料以条石、山石和河卵石为主，灌以灰浆。高度均随山势增高而降低，并随山脊走向修筑。另外，1990年6月于上口村内发现该口石刻匾额，其宽0.935米，高0.48米，厚0.14米，刻

灰岭口石匾额

有"灰岭口"三个大字，旁刻"大明嘉靖十六年八月二十日立"题款。

贤庄口，又作贤张口，位于泰陵北 2.7 公里处（今下口村西）。口内道路狭窄，西北通永宁南山及白龙潭。嘉靖十五年（1536）建有正城一道、水门一孔、西山墩一座，入清以后逐渐颓坏。至 2010 年，该口仅存北侧墙体。其残长约 140 米，近沟口处残高约 4.8 米，顶宽 7 米，底宽 8.4 米，山上部分逐渐低矮。墙体外皮均用条石包砌。

锥石口，位于泰陵西北 0.75 公里处，沟口较宽，西北通延庆。嘉靖十年（1531）建有正城一道、水门一孔、西山墩一座，入清以后逐渐残坏。至 2010 年，口内墙体已毁，但有墙基条石遗存。口北侧则存有墙体断断续续至山腰，总长约 130 米，墙体建造方式同灰岭、贤庄二口，近口处宽 6.6 米，高 4.7 米。

雁子口，又作雁门口，位于康陵西南约 1.1 公里处，沟口狭窄。嘉靖十五年（1536）建正城一道、水门一孔、东山墩一座。至2010年，该口仅存两侧残墙。其中东北侧墙长约15.4米，墙基宽5.7米，上宽3.8米，残高4.6米；西南侧墙长18米，墙基宽8.3米，上宽8.1米，残高亦4.6米。山口中段有一座城门洞系新建，不符明代原制。

德胜口，又名得胜口，金大定二十五年（1185）五月曾更名翠平口，明代仍用旧名。口位于昭陵西2.6公里处（今德胜口水库大坝稍东）。其口宽约25米，两山地势高险，中有河流。西通大小红门、柳沟等处。嘉靖十五年（1536）建有正城一道、水门一孔、拦马墙一道、东西山墩各一座，明亡后逐渐颓坏。1959年修建德胜口水库，口内垣墙被拆除，仅南侧山崖下存一段残墙。其长约3米，高约2米，墙顶厚约6米，外侧墙皮已不存，但下层存有花岗岩条石基础，墙心为碎山石灌浆砌成，北侧墙体因修筑公路仅存山石基础。

老君堂口，位于长陵东北2公里及其稍北一段地方（今老君堂村北至沙岭一带地方），北通黄花城，原有私开路径。嘉靖十六年（1537）二月，明世宗谒陵事毕，北阅山场，见地形险要，命堵塞以防蒙古诸部南犯。经裕陵卫指挥周锦、昌平州判官苏莒等赴口丈勘，由七陵巡逻下班官军修筑了拦墙五道：关口拦墙一道，"东西长一十三丈，高一丈二尺，阔厚根址二丈，收顶一丈五尺"；大沙岭口拦墙一道，"东西长三丈，沟深七尺，长一丈五尺，横阔填平二丈五尺，上墙长三丈，高一丈五尺，根址阔厚二丈，收顶一丈五尺"；西偏坡拦墙一道，"长二十丈，高七尺，阔厚一丈，收顶七尺"；小沙岭口两处，各有拦墙一道，"共长一十二丈，俱高一丈，阔厚一丈，收顶七尺"。明亡后拦墙逐渐颓坏，仅老君堂村北两山之间稍存墙基残迹，今沙岭村南公路西侧存拦墙一道。其残长约30米。东段7米，西段11米，保存较完整。均为山石垒砌的虎皮墙，内勾抹灰浆，其底部厚2.7米，顶厚1.5米，高2米。

另据《四镇三关志·昌镇经略》"杂防"条记，自嘉靖四十五年（1566）始，根据兵部侍郎刘焘、巡抚副都御史耿随卿的提议，昌镇还在前述沙岭、灰岭、贤庄、锥石、德胜五口添设了鹿角榨木、拗马品字浮石等堵塞隘口的设施。其中沙岭口外设鹿角榨木3层；灰岭口外设鹿角榨木5层，猱头榨木南北1丈5尺，拗马品字浮石南北100丈，水口顺河荆囤10层；贤庄口外设鹿角榨木5层，猱头榨木南北14丈，荆囤5层，拗马品字浮石南北14丈；锥石口外设鹿角榨木5层，水口外设鹿角榨木4层，猱头榨木南北20丈，荆囤5层，拗马品字浮石南北20丈；德胜口外设鹿角榨木10层，猱头榨木南北12丈，荆囤5层，拗马品字浮石南北12丈。此外，各口墙外还采取了种植榆柳杂树以及在山坡平漫、难以守御之处铲削偏坡、劚成壕堑等诸多与城垣建筑相配套的固险措施。

西山、东山、中山、榨子四山口是陵区南面的山口。其中，西山口，位于思陵南，今小宫门村北；东山口，位于约当今十三陵水库拦洪坝位置；中山口，又作伽蓝口，位于昌平城北龙山与汗包山之间；榨子口，位于西山口与大红门之间，西距西山口约1公里。

嘉靖三十年（1551）以前，四口之中，仅西山口筑有墙垣，并于口内设小红门作为陵区侧翼门户，其余三山口在隆庆五年（1571）前仅有块石堆垛而成的简易式石墙。隆庆五年（1571）二月，根据提督昌平都御史栗永禄的建议，又由天寿山守备官督率八陵陵卫掌印官，东自蟒山头起，西至西小红门西场头止，沿山内外，逐一踏看，栽松柏、桲栳、榆、柳等树木。东山口，明神宗初意欲仿德胜口修建墙垣，后因考虑到陵区内水流均经此口而出，"一遇春夏水发，冲沙滚石、漂木浮薪，势甚迅激，筑墙建桥难成易坏，非数十万钱粮不可"，所以万历十一年（1583）只于口内两端建敌台两座，敌台设楼三层。两台靠近山脚的一面各建有城墙。天启三年（1623）四月，根据大学士孙承宗的建议，天寿山一带又"厚筑城垣"，陵区前四口城垣建置始臻完备。除此之外，在昌平城的后山上，在明朝末年时还曾经建有一座用于戍守的定远楼。清潘问奇有《九日诸同志招登定远楼剧饮放歌怅然有作》诗二首，清曹天锡也有《九日偕潘雪帆、杨谦六、翁子述、王寅公登定远楼》诗，二人之诗均记载于光绪《昌平州志丽藻录》中。其中曹诗标题下有注云："楼在城后山，为明末戍楼。"诗中则有"但使高歌穷鸟障，何须落帽数龙山"之句。龙山在昌平后山之西，两山实际是连在一起的。所以定远楼的位置应该是能够远眺龙山的。

明朝灭亡后，四口城垣等建筑逐渐颓坏。榨子、中山两口均在清代时被拆通，以过人行。

东山口西南侧敌台及东北侧敌台外侧大段的墙垣，于1958

中山口残墙

年修建十三陵水库时被拆除；西山口墙垣于 1961 年时被拆除。东山口东北侧敌台下层台基被用作陈列馆，但台基原有形制仍可看出，其平面作正方形，底部四面边宽各 16 米，高 6.4 米，全部为厚 0.4 米的花岗岩条石垒砌。台基内侧相距 2.5 米处存有当年为上登敌台放置的吊板，并可从左右两侧上登的石砌踏跺。其东北侧蟒山的山脚处存有残坏的垣墙，残长约 120 米，厚 2.5～2.75 米不等，残高 0.5～1.6 米，全部以山石垒砌，白灰浆灌缝。

中山口两侧亦存残墙。其东侧墙体至东山口总长约 2880 米，墙体由山石、城砖、条石等砌成，白灰浆或掺灰泥灌缝。其厚约 2.38～3.4 米，残高 0.5～2.46 米。其中近口第一二两山峰上的墙体因有条石包砌，保存稍好。口西侧垣墙沿山脊通至龙山西侧断崖处（其下原为大红门东侧红墙，今红墙不存），总长约2050米，墙体厚1.2～1.5米不等，残高0.8～2米不等，均山石垒砌，掺灰泥灌缝。

西山口，口内墙体全部不存，且基址处东半段已成民宅区，西半段被垦为农田，仅西半段、民宅区与农田相接处存水关一座，其高为1.9米，宽2.35米，下有石结构拱券式排水孔一道，排水孔为南北走向。其上部原为山口墙体，现仅存拱券石上的条石墙基，口两侧山上存部分残墙。东侧沿山脊达于榨子口，长约1150米，西侧从小虎峪山脚至山腰，长约890米，均为山石垒砌，白灰浆或掺灰泥灌缝，墙基宽1～1.25米，上宽0.7米，残高0.4～2.8米。

榨子口，口内及两侧山上均有残墙保存，东侧山上墙体沿山脊至大红门西侧虎山东麓，长约1860米，墙体形制同西山口。但口内墙体稍厚，也较高大，其基宽约2.25～2.8米，残高约3米。

昌平、巩华二城

昌平城，原名永安城，城址即今区治所在地。始建于景泰元年（1450）正月，营建的目的是为驻扎陵卫官军，并迁县治于城内。次年五月建成，陵卫官军驻扎城内。十月迁县治、儒学、仓库等衙门于城内。此后续添裕、茂、泰、康、永五陵卫，遂于城南接建一新城，各卫营房均建于城内。不久旧城的土墙也甃砌了砖石。崇祯九年（1636）兵部侍郎张元佐拆旧城南面砖石修补东城门楼，两城遂合为一体。其城周十里零二十四步，池深广各约二丈，东、西、南三面各有瓮城，瓮城内外各有层楼。清康熙十四年（1675）重筑新旧两城，城垣均高三丈，池深八尺，宽三丈。中华人民共和国成立后，随着城市建设的发展，城垣等建筑相继被拆除。

巩华城，位于今沙河镇。嘉靖十六年（1537）三月命建，嘉靖十八年（1539）五月又命兴工筑建，嘉靖十九年（1540）十二月建成，四面各有城门：南名扶京，北名展思，东名镇辽，西名威漠，其中南门制如午门。城体平面作正方形，东、南、西、北四面各二华里。城外六丈五尺为护城河，河宽二丈、深一丈。城中为行宫。至 2010 年，该城存四面城门台座。其中，南北两面城台均设有

巩华城南门

三个门洞，南面城台外侧有石匾额，刻"巩华城"三字，北面城台无匾额。南北两门的外面各设有券城，并设有前、左、右三面券门，现除北门券城西门已不存外，其余各门虽有残坏但仍保存。南、北券门外侧各有石匾额，南券门匾额刻"扶京门"三字，北券门匾额刻"展思门"三字。西面的威漠门和东面的镇辽门，均设有一个门洞。城台外侧有石匾额，东门刻"镇辽门"，西门刻"威漠门"。两门亦各设券城，券城城门均开在南面。

相关古迹

在明十三陵陵区内外，还有一些与明陵相关的历史古迹。这些历史古迹，有的与陵寝营建有关，有的与陵寝祭祀活动有关，有的与宗教文化有关，还有的带有一定的纪念意义。

工部厂及内监公署

工部厂及内监公署，位于七孔桥东河北岸（今十三陵镇北新村南），分别为陵区内的施工基地和内官监掌外厂衙署。厂内有碑两通，其一刻崇祯帝命太监魏国征掌宣府军务敕谕，一刻翰林韩四维所撰碑记。清初时厂署俱废，清末衍为自然村落，中华人民共和国成立后，署前存上、下马石各一块，槐树两株。1958

年修建十三陵水库，村址北迁，此后该地被垦为农田，马石随之被毁，槐树亦不存，石碑则早已散失。

松园

松园，位于昌平城东门外1公里处，是明代为天寿山陵寝种植松柏树苗的地方。其地方圆数里，南距亢山1.5公里，北面一直到山脚下，东北至朝凤庵1公里。明朝时种满松柏，无一杂木。专供陵园栽种。清初时，树木被砍伐殆尽。

香帛亭

香帛亭为祭祀陵寝而设，位于昌平城内州署之西，城隍庙之东，是陵祭前安放神帛及相关仪物之处。弘治十三年（1500）由太常寺卿崔志端购地，工部奉命营建。其建筑除亭本身外，还有殿六楹，前门、中门各四楹，左右厢各八楹，后厢六楹，东西有屋数区（为太常寺官及府役斋息之所），清代时已不存。

龙王庙

龙王庙为陵区水神庙，建于明代，位于工部厂西，有庙碑三通，分别为弘治、嘉靖、万历年间担任工部厂员且兼掌镇兵的王定、张保三、潘朝用三太监所立。中华人民共和国成立后，该庙存有正殿及左、右配殿各三间，围墙一周，门楼一座，正殿内有壁画，庙宇建筑被用作学校教室。1958年修建十三陵水库时，庙宇被拆，碑散失。

神仙洞

神仙洞，位于蒋山东麓，洞口朝东，洞口仅容一人。此洞未毁之前，里面宽敞如大厦，上有石窟透天，日色下照，内有石钟乳下垂。西壁有一门，高四五尺，阔二三尺。近门处有大石钟，倒悬其上。门之内深黑，人不敢入。山上还建有道教建筑三清殿。

此洞原为天然岩洞，嘉靖三十三年（1554）修理七孔桥时，管工官员为此洞增加了门券，雕刻了楹联，遂成一处美景。明朝时，曾以"石洞仙踪"列为燕平八景之一。清康熙时，因"仙踪"

神仙洞石额、楹联

二字无指，而石洞左右古松尚存，松荫遮地，"蔽不见日"，"每微风鼓击，涛声飒至，不啻悠然天籁"，故改景名为"石洞松涛"。20世纪70年代因村民开采石料石洞顶部被毁坏，但石刻楹联"蜿蜒龙脊山吞月，磊砢云根洞有天"仍保存完好，楹联之间还有"神仙洞"三个刻字。

天寿灵山

天寿灵山，位于今十三陵水库南岸，为长陵案山，今称"大宝山"，是为已故帝后投放山简、升度亡魂的地方。我国古代的帝王多信奉佛、道二教，投放山简是道教的做法。明朝帝后去世，例在"七七"之日，作"荐扬好事"，投放山简是其中的一种仪式。据当地老人回忆，1926年和1948年，山顶上曾先后两次出土明代山简，数量在十几匣以上。匣均为汉白玉石雕刻而成，长方形，子母口，内放长方形涂朱石简和长约10厘米左右的金龙，龙颈上套有金环，下铺红棉纸，匣内还有铜钱数枚。

明十三陵博物馆藏有征集来的天寿灵山出土的石匣两个，石简一枚。石匣盖已散失，匣高36厘米，宽64厘米，一个四外壁雕饰精美的云龙图案，另一个雕云纹。石简为汉白玉石雕成，长38厘米，宽22.3厘米，厚4.7厘米，四角略有倒角。石简的正面阴刻楷书简文十三行，记述了成化四年（1468）八月十五日，上清三洞五雷经箓清微通元使臣道士喻道纯在朝天宫为孝庄献穆弘惠显仁恭天钦圣睿皇后钱氏做荐扬大斋三昼夜后，奉旨于天寿灵山投放金龙玉简的经过。石简的背面阴刻有"云篆"字体的八字符文。

圣迹亭

圣迹亭,为陵区内纪念性建筑,位于东山口内平台山上(今十三陵水库中九龙游乐园所在地)。该亭系嘉靖十五年(1536)四月世宗为更正亭址所在山名的讹传而下令建造的。嘉靖十五年(1536)四月二十四日,世宗对从臣说,天寿山是长陵主山之名,刚才看到的小山也名为天寿山是错误的。过去皇祖(指明成祖)在此饮酒,那天恰是皇祖万寿之日,百司臣庶上寿,所以进山名天寿。朕欲作一小亭为记,以正其讹传。世宗随即下令改此山为平台山。次年正月正式动工,嘉靖十七年(1538)四月,世宗躬视新亭,并于亭内躬祭永乐皇帝。

亭制为圆形,以白玉石为栏,盘旋数十级而上。亭榜额有世宗御题"圣迹"二字。清初时亭毁。20 世纪 80 年代末,于山上建九龙游乐园,旧迹因之不存。

馆

馆,嘉靖年间为天寿山陵寝陪祀官员住宿而建。计 14 处:新都察院馆位于昌平城内西南,都察院馆位于昌平城内大街西,东察院馆位于州学西,西察院馆位于州治西,翰林院馆位于儒学内刘谏议祠后，六科馆在谯楼西北，十三道馆在文庙南，顺天府馆位于北城下，太仆寺、通政司馆在十三道馆西，刑部馆在六科馆东，户部馆在南大街，光禄寺馆在谯楼南街东第二巷，吏部四司馆在东察院西。明亡后，各馆或废或改作他用，均无遗迹保存。

老君堂

老君堂，为陵区内道教建筑，位于景陵北1公里处。明朝时有殿三间，清光绪年间已废，无遗迹保存。

参考书目

《大明会典》,(明)申时行、赵用贤等修,1936年商务印书馆铅印本

《万历起居注》,十三陵特区文物科存抄本

《明实录·太祖实录》,(明)姚广孝等修

《明实录·太宗实录》,(明)张辅、杨士奇等修

《明实录·仁宗实录》,(明)张辅、夏原吉等修

《明实录·宣宗实录》,(明)杨士奇等修

《明实录·英宗实录》,(明)孙继宗等修

《明实录·宪宗实录》,(明)刘吉等修

《明实录·孝宗实录》,(明)李东阳等修

《明实录·武宗实录》,(明)费宏等修

《明实录·世宗实录》,(明)徐阶等修

《明实录·穆宗实录》,(明)张居正等修

《明实录·神宗实录》,(明)顾秉谦等修

《明实录·熹宗实录》,(明)温体仁等修

《明实录·崇祯长编》

《明实录·崇祯实录》

《明实录·大明□宗□皇帝实录》

注:以上《明实录》为台湾"中央研究院"历史语言研究所校印本

《朝鲜李朝实录中的中国史料》,吴晗辑,1980年中华书局出版

《清实录·世祖章皇帝实录》,(清)巴泰、图海等修,1986年中华书局影印本

《清实录·世宗宪皇帝实录》,(清)鄂尔泰、张廷玉等修,1986年中华书局影印本

《清实录·高宗纯皇帝实录》,(清)庆桂、董诰等修,1986年中华书局影印本

《清史稿》,(民国)赵尔巽、柯绍忞、王树枏等纂,上海古籍出版社出版

《清朝通典》,(清)曹仁虎、蔡廷衡等纂修,1988年8月浙江古籍出版社影印本

《清朝文献通考》,(清)曹仁虎、蔡廷衡等纂修,1988年11月浙江古籍出版社影印本

《历代陵寝备考》,(清)朱孔阳撰,1879年《申报丛书》铅印本

《昌平山水记》,(清)顾炎武撰,1982年北京古籍出版社铅

印本

《帝陵图说》，（清）梁份撰，十三陵特区文物科存抄本（此本有说无图，系抄自汪鱼亭传抄本）

《帝陵图说》，（清）梁份撰，北京图书馆藏图说俱全本

隆庆《昌平州志》，（明）崔学履修，1568年刻本

康熙《昌平州志》，（清）吴都梁修，1672年澹然堂刻本

光绪《昌平州志》，（清）缪荃孙、刘万源等修，1989年北京古籍出版社铅印本

《昌平外志》，（清）麻兆庆修，1892年榆荫堂刊本

《赣州府志》，（清）魏瀛等修，1873年刻本

同治《南丰县志》，（清）柏春总辑，鲁琪光总纂，1871年刻本

天启《衢州府志》，（明）林应翔等修，叶秉敬等纂，1983年台北成文出版社有限公司出版

同治《迁安县志》，（清）韩耀光修，史梦兰纂，1873年文峰书院刻本

万历《顺天府志》，（明）沈应文等纂修，张元芳汇编，1959年8月中国书店据万历二十一年刻本复制

《宛署杂记》，（明）沈榜撰，1980年北京古籍出版社铅印本

《长安客话》，（明）蒋一葵撰，1960年北京出版社铅印本

《太常续考》，1983年台湾商务印书馆影印文渊阁《四库全书》本

《西关志》，（明）王士翘撰，1548年序刻本

《四镇三关志》,(明)刘效祖纂修,1576年抄本

《三才图会》,(明)王圻、王思义编集,1985年上海古籍出版社影印本

《前明十三陵始末记》,刘仁甫撰,1915年铅印本

《查勘明陵记》,十三陵特区存抄本

《天府广记》,(清)孙承泽撰,1962年北京出版社铅印本

《日下旧闻考》,(清)于敏中等编纂,1981年北京古籍出版社铅印本

《酌中志》,(明)刘若愚撰,商务印书馆辑《丛书集成初编·史地类》铅印本

《帝京景物略》,(明)刘侗、于奕正著,1980年北京古籍出版社点校本

《北游录》,(清)谈迁著,1960年中华书局点校本

《明太常考》,十三陵特区存抄本(据北京大学图书馆藏明蓝格抄本抄录)

《明长陵修缮工程纪要》,北平市政府工务局编,1936年怀英制版局铅印本

《定陵》,中国社会科学院考古研究所、定陵博物馆、北京市文物工作队编写(赵其昌、王岩执笔),1990年文物出版社出版

《宫中档案·硃批奏折·工程类》,中国第一历史档案馆藏(未出版)

《内务府来文·陵寝事务》,中国第一历史档案馆藏(未出版)

《保护明陵有关文书》,中国第二历史档案馆藏(未出版)

《明史》,(清)张廷玉等修,商务印书馆缩印百衲本《二十四史》

《明史纪事本末》,(清)谷应泰撰,商务印书馆辑《丛书集成初编·史地类》铅印本

《明会要》,(清)龙文彬撰,1956年中华书局铅印本

《国榷》,(清)谈迁撰,1958年中华书局铅印本

《春明梦余录》,(清)孙承泽撰,清光绪《占香斋袖珍十种》本

《万历野获编》,(明)沈德符撰,1959年中华书局铅印本

《枣林杂俎》,(清)谈迁撰,1911年上海国学扶轮社印本

《烈皇小识》,(明)文秉撰,1952年神州国光社铅印本

《工部厂库须知》,(明)何士晋撰,明万历刻本

康熙《房山县志》,(清)佟有年等修,1664年刻本

《青岩丛录》,(明)王祎撰,1554年郑梓辑《明世学山》刻本

《思陵勤政纪》,(清)孙承泽撰,商务印书馆辑《丛书集成初编·史地类》补印本

《绥寇纪略补遗》,(清)吴伟业辑,商务印书馆辑《丛书集成初编·史地类》铅印本

《先拨志始》,(明)文秉撰,商务印书馆辑《丛书集成初编·史地类》铅印本

《永乐大典》,(明)解缙、姚广孝等辑,1986年中华书局影印本

《中国营造学社汇刊·哲匠录》,单士元撰,1932年中国营

造学社铅印本

《罪惟录》，（清）查继佐撰，1986 年浙江古籍出版社铅印本

《明清档案》，张伟仁主编，1989 年台湾"中央研究院"历史语言研究所据清内阁大库藏明清档案影印

《明清史讲义》，孟森撰，1981 年中华书局铅印本

《明清史料》乙、丙编，台湾"中央研究院"历史语言研究所编铅印本

《明堂大道录》，（清）惠栋撰，商务印书馆辑《丛书集成初编》铅印本

《地理古镜歌》，（明）蒋平阶撰，（清）吴省兰辑于《艺海珠尘》，嘉庆听彝堂刊本

《纂图互注礼记》，（汉）郑玄注，北京图书馆善本部藏宋刻本

《野记》，（明）祝允明撰，商务印书馆辑《丛书集成初编·文学类》铅印本

《四库全书·数术类》，（清）纪昀、陆锡熊等纂，1983 年台湾商务印书馆影印文渊阁本

《古今图书集成·艺术典·堪舆部》，（清）陈梦雷原编，蒋廷锡等奉敕校勘重编，1964 年台北文星书店影印本

《大戴礼记补注》，（北周）卢辩注，（清）孔广森补，商务印书馆辑《丛书集成初编·社会科学类》铅印本

后 记

　　明十三陵是京北一处著名的名胜古迹，也是联合国教科文组织世界遗产委员会审议批准的世界文化遗产"明清皇家陵寝"的重要组成部分。其深厚的历史文化内涵，深深地吸引着世人。人们发思古之幽情，不禁为十三陵悠久的历史、璀璨的文化、气势磅礴的地理环境和宏伟壮丽的古典建筑所惊叹！

　　我是土生土长的十三陵人，十三陵是我的家乡。基于此因，我对十三陵有着更为深厚的感情。这种情感，既有对历史文化的热爱，也有对古代陵寝建筑的欣赏，还有对家乡文化的追思和探究。

　　也是机缘巧合，1981年十三陵特区办事处成立后，我有幸从昌平县政府人事科调到十三陵特区文物科，开始从事自己非常热爱的明十三陵文物管理与历史研究工作。多少个日日夜夜，沉醉于浩瀚的历史典籍的查阅和档案材料的整理；多少次风吹日晒，亲历到历史遗迹的调查和建筑遗存的测绘。终于，通过资料的积累和分析研究，我对明十三陵有了比较深入和全面的了解，先后有《明十三陵大观》《明十三陵》《明朝帝王陵》《明代帝陵风水说》《明十三陵探秘160问》《明十三陵研究》等拙作问世。另外，我还承担了《明十三陵申报世界文化遗产文本》中"历史文物"部分的撰写，参与了《昌平县志》有关十三陵部分的撰写，并作为主编参与了《明十三陵志》的编纂和撰写工作。

最近，北京出版社约我写的这本《明十三陵》，是一本简志体的图书，重点记述明十三陵的历史和现状情况。通过这本小书，希望能为读者了解十三陵提供一点基本素材，也希望读者能对书中的不妥和错误之处给予批评指正。

胡汉生

2018年5月20日